V&R

Klaus Seiler

Geistliche Augen-Blicke

Zwölf Meditationen

Vandenhoeck & Ruprecht

Bibliografische Information der Deutschen Bibliothek

Die Deutsche Bibliothek verzeichnet diese Publikation in der
Deutschen Nationalbibliografie; detaillierte bibliografische Daten
sind im Internet über <http://dnb.ddb.de> abrufbar.

ISBN 3-525-63368-8

Umschlagabbildung:
Transparenz, 1997 © Franck Blady (geb. 1951 in Paris)

Satz: Weckner Fotosatz GmbH | media+print, Göttingen
Druck und Bindung: Hubert & Co., Göttingen

Gedruckt auf alterungsbeständigem Papier.

Vorwort

Um mit etwas Persönlichem zu beginnen: Ich bin ein Bilder-Mensch. In unserer Wohnung, in meinem Arbeitszimmer hängen viele Fotos und Bilder – sehen, lächeln und sprechen mich an. Sie geben dem begrenzten Raum meiner Erfahrungen, Gedanken und Gefühle Weite. Manche Bilder beruhigen, andere wiederum provozieren mich. Ich freue mich, wenn ich in den Fluren des Krankenhauses Bildern begegne: dem Bild einer Landschaft, Blumenbildern, Reproduktionen von Gemälden, die auf die unmittelbar gemachten Erfahrungen in einem Patientenzimmer heilsam antworten. Kahle Wände und Flure fallen mir auf; es fehlt etwas, das gut tun könnte.

Patientinnen und Patienten erzählen mir manchmal: sie riefen sich, wenn der Schlaf nicht kommen will, Bilder in Erinnerung, mit denen sie Gutes verbinden. Manchmal sind es tröstliche Bilder aus der Kindheit, manchmal Erinnerungen an eine Reise; sie bewahren Sonne, Wärme, entspannte und harmonische Zeit auf. Oder sie erzählen von einem Gemälde, einer Skulptur, die sie unmittelbar angesprochen haben. Solche Bilder können ihre Kraft entfalten in Zeiten, in denen Unruhe, Schmerzen und Fragen übermächtig werden, wenn das Grübeln beginnt und die Gespenster der Nacht kommen.

Assoziationen – statt einer Theorie …
Bilder öffnen Spielräume.
Sie schenken einen offenen und zugleich schützenden Raum;
sie lassen mir Freiheit, legen mich nicht fest und stellen
*   mich nicht bloß.*
Ich kann mich von ihnen ansprechen, anregen und trösten
*   lassen.*
Bilder können aber auch eine liebevolle Herausforderung sein:
sie rufen heraus, schließen auf, fragen an und laden ein.
Äußere Bilder – ein Kunstwerk, ein Foto – können eigene
*   innere Bilder wecken;*
manchmal sind sie eine Brücke zu Erfahrungen,
die in der Tiefe ,abgelagert' liegen, und eine Brücke zu Gefühlen,
die wie unter einer Ascheschicht verborgen sind.

Die folgenden zwölf Meditationen versuchen,
diese Erfahrungen umzusetzen. Sie stammen aus
Abendgottesdiensten im Elbe Klinikum Stade.
In unseren Gottesdiensten bekommen alle Teilnehmen-
den eine entsprechende Bildkarte; sie enthält ein
Foto und Worte der Bibel auf der Rückseite. Manchmal
sind die Bildkarten später in den Patientenzimmern
wiederzufinden. Manche erzählen, dass sie immer
wieder auf das Bild sehen mussten und wie sehr
es sie beschäftigte – über den Gottesdienst hinaus …
Meine Frau hat die Fotos in Skizzen umgesetzt.

Die Bilder führen in drei unterschiedliche Bereiche:

Vier Skulpturen von Ernst Barlach bestimmen den
ersten Bereich; sie stammen aus Güstrow – der dortigen
Gertrudenkapelle und dem sie umgebenden Garten.
Kunstwerke – nicht kunsthistorisch betrachtet, sondern
als Spiegel menschlicher Erfahrungen verstanden.

Bilder von einer Reise in das Land der Bibel bilden einen zweiten Kreis: Jerusalemer Augen-Blicke. Diese Predigten und Gottesdienstentwürfe gehören in die Passionszeit. Sie versuchen, Jesu Passionsgeschichte und unsere schweren Geschichten und Wege zusammen zu bedenken.

Schließlich – in vier Bildern aus der Natur und dem Kreislauf des Jahres kommen einige der uralten Fragen vor: *woher wir kommen und wohin wir gehen.*

Jedes Bild, jede Meditation steht im Gespräch mit biblischen Versen und Geschichten; vor allem die Psalmen werden zum Lebens- und Glaubensbuch. Zugleich wird das Evangelische Gesangbuch zu einer Quelle des Trostes und der Ermutigung. So entsteht ein Gespräch auf verschiedenen Ebenen.

Stade, im Advent 2005   *Klaus Seiler*

Inhalt

I

… und gab ihnen ein Herz zum Denken

(Jesus Sirach 17,6)

Meditationen zu Werken von Ernst Barlach

Ernst Barlach, *Wanderer im Wind* (1934)
© Ernst Barlach Lizenzverwaltung Ratzeburg.

1

Siehe, da erhob sich ein gewaltiger Sturm
(Matthäus 8,24)[1]

Wanderer im Wind (1934)

Ein Mann, fest in seinen Mantel geschlagen, schreitet
     kräftig aus.
Er blickt nicht nach rechts und nicht nach links;
sein Blick geht unbeirrt geradeaus.
Mit der einen Hand hält er den Hut fest,
damit der Wind ihn nicht vom Kopf fegt;
die andere hält den Umhang zusammen,
damit der Wind nicht hineinfahren kann.
Ernst Barlach hat den *Wanderer im Wind* 1934
in seiner Güstrower Werkstatt aus einem Eichenholzblock
     gestaltet.
„Ein Mann, den die Stürme der Zeit beuteln,
der ihnen die Stirn bietet und nicht ausweicht."[2]
So steht es in einer Lebensbeschreibung Barlachs.
Der sie verfasst hat, weist darauf hin:
das Gesicht des Wanderers ist wohl Barlachs eigenes;
und dieses Werk spiegelt die Zeit wider (1934),
in der seine Kunst bereits angefeindet war und verfolgt
     wurde.

Trotz allem Gegenwind geht jemand entschlossen seinen
     Weg.
Keine zaghaften Schritte, sondern mutige, feste.

---

1 Alle Bibelzitate aus: Lutherbibel, revidierter Text 1984, durchgesehene
    Ausgabe in neuer Rechtschreibung © 1999 Deutsche Bibelgesellschaft,
    Stuttgart.
2 Tom Crepon, Ernst Barlach – Sein Leben und Leiden, Hanau 1988, 247.

Ein Mensch, der – bildlich ausgedrückt und dargestellt –
alles zusammen nimmt:
Herz und Verstand, seine Kräfte und allen Mut;
der sich gegen den Wind, den Sturm seiner Zeit stellt.
Bei der Kopfbedeckung könnte man sogar an einen Helm
    denken;
vielleicht ein Hinweis darauf,
wie sehr es auf diesem Weg um Kampf geht:
ein Kämpfen gegen Widerstände und Anfeindungen,
gegen Bedrohliches von außen;
ein Kämpfen um die Wahrheit,
vielleicht auch ein Ringen mit sich selbst.

Es ließe sich hier noch mehr erzählen aus Barlachs Zeit
    und Leben;
jener Zeit, in der er und andere wie *Wanderer im Wind*
ihren Weg gegangen sind –
gegen den Wind von vorn und von vielen Seiten.
Wanderer im Wind, die ihrer inneren Stimme gefolgt sind
und es sich nicht verbieten ließen,
die Bilder, die sie im Inneren sahen,
zu Werken im Äußeren zu machen;
jenen eindrucksvollen, bewegenden Werken,
in denen wir nicht nur vergangene Zeiten und Schicksale
    wiederfinden,
sondern auch uns selbst wie in einem Spiegel sehen
    können.

Unruhe, Unsicherheit, Ängste, Fragen –
jede und jeder könnte dem Sturm im Leben
wohl eigene, unverwechselbare Namen geben.
Sie können sich auf die große Welt mit ihren Spannungen
oder auch auf unseren kleinen Lebenskreis beziehen.
Mir bläst der Wind gerade mitten ins Gesicht.
Wer es sagt, spricht von einer unverhofften eigenen
    Erfahrung

oder meint ein Ereignis in der nächsten Umgebung,
das es unmöglich macht, wie bisher weiterzuleben,
und das weit entfernt ist vom entlastenden Rückenwind.
Wie schön wäre es – denkt man dann einen Augenblick –,
wenn es doch im Leben öfter den Rückenwind gäbe
statt den anstrengenden Wind von vorn.

Können Sie sich noch erinnern?
Wie schön es als Kind war, beide Arme auszubreiten
und sich vom Rückenwind einfach treibenzulassen –
ohne eigene Kraft und Anstrengung;
Ärmel und Hosenbeine voller Wind,
man hob beinahe ab und konnte fliegen
oder sich zurück lehnen, ohne umzufallen.
Wer einmal am Meer gewesen
und am Strand spazieren gegangen ist,
der wird finden: es ist nicht nur für Kinder ein Erlebnis;
auch Erwachsene lieben diese Kraft
und lassen sich vom Wind mit Vergnügen treiben und
    jagen.

Es gibt ja auch im übertragenen Sinn solche Erfahrungen
– man wünschte sie sich und anderen zumindest –:
Erfahrungen, in denen uns der Rückenwind
vorwärts brachte oder bringt.
Kraft, Ideen und Schwung,
Gesundheit und Zuversicht,
Glück und Gelingen,
Leichtigkeit, Liebe und Lachen
gehören dazu.
Gott sei Dank,
wenn wir auf solche Zeiten blicken können!

Aber dann gibt es eben auch die anderen Zeiten,
in denen der Wind von vorn kommt
und uns mitten ins Gesicht bläst.

Und man muss alles zusammennehmen,
so wie der Wanderer auf unserem Bild,
um die Angriffsfläche des Windes so klein wie möglich
    zu halten;
nur so ist das Gehen möglich,
und die Schritte können entschlossen bleiben.
Man muss alle Kräfte zusammennehmen:
Herz und Verstand,
Mut und Zuversicht,
Hoffnung und Glauben,
um nicht umgeworfen oder umgeblasen zu werden
und den Boden unter den Füßen zu verlieren.

Rückenwind oder Gegenwind –
wir können es uns im Leben nicht einfach aussuchen.
Der Wind bläst, wo er will,
heißt es im Johannesevangelium wie ein Sprichwort
    (Johannes 3,8).
Und was dort vom Element der Luft gesagt ist,
mag weitgehend auch vom Leben gelten.

Eine kleine Anfrage habe ich doch bei diesem Bild.
Ich finde den Wanderer dort so allein, nur auf sich
    gestellt,
als gäbe es keinen anderen Menschen in seiner Nähe und
    an seiner Seite.
Ernst Barlach in seiner Zeit hat es vielleicht so erlebt.
Der Sturm, dem *er* ausgesetzt war,
gegen den *er* sich stemmte,
ist auch nicht einfach
mit unseren Erfahrungen zu vergleichen.

Unsere Situation ist – so stelle ich mir vor – wohl eine
    andere:
eine Gemeinde vielleicht, andere Menschen, ein
    bestimmter Mensch

in unserer Nähe, die da sind, um zuzuhören und zu teilen,
was das Herz schwer macht;
und die das, was auf der Seele liegt,
singend, betend, hörend, schweigend
dem anvertrauen, der von sich gesagt hat:

Kommt her zu mir, alle,
die ihr mühselig und beladen seid;
ich will euch erquicken.   Matthäus 11,28

Es wird uns gut tun, ein solches Miteinander zu suchen
    und zu erleben.

Die uns die Bibel geschenkt haben,
die die Lieder und Texte geschrieben und gedichtet
    haben,
hatten das Vertrauen:
wir sind auch in den Zeiten,
in denen uns der Wind ins Gesicht bläst, nicht allein.
Gott *bleibt* bei uns,
so dass unsere Füße nicht ins Stolpern geraten
und unser Tun nicht kopflos wird,
sondern besonnen und überlegt bleibt;
und uns nicht Angst regiert,
sondern das Vertrauen:

Er wird's wohlmachen.   Psalm 37,5

Jochen Klepper, ein weiterer *Wanderer im Wind*,
– sein Lied zur Jahreswende *Der du die Zeit in Händen hast*
ist im Jahr 1938 entstanden,
der Skulptur Barlachs also zeitlich sehr nah! –
betet und bittet aus diesem Vertrauen:

Der du allein der Ewige heißt
und Anfang, Ziel und Mitte weißt
im Fluge unserer Zeiten:
bleib du uns gnädig zugewandt
und führe uns an deiner Hand,
damit wir sicher schreiten[3]!

Der 23. Psalm ist vielleicht das älteste,
das schönste und eindrucksvollste Lied aller
Wanderer im Wind:

Der Herr ist mein Hirte,
mir wird nichts mangeln.
Er weidet mich auf einer grünen Aue
und führet mich zum frischen Wasser.
Er erquicket meine Seele.
Er führet mich auf rechter Straße
um seines Namens willen.
Und ob ich schon wanderte im finstern Tal,
fürchte ich kein Unglück;
denn du bist bei mir,
dein Stecken und Stab trösten mich.
Du bereitest vor mir einen Tisch
im Angesicht meiner Feinde.
Du salbest mein Haupt mit Öl
und schenkest mir voll ein.
Gutes und Barmherzigkeit
werden mir folgen mein Leben lang,
und ich werde bleiben im Hause des Herrn immerdar.

Psalm 23

3 Jochen Klepper: Neujahrslied, Vers 6 aus: Ders., Ziel der Zeit –
   Die gesammelten Gedichte © Luther-Verlag, Bielefeld [7]2003.

Unter deinen Schirmen
bin ich vor den Stürmen
aller Feinde frei.
Lass den Satan wettern,
lass die Welt erzittern,
mir steht Jesus bei.
Ob es jetzt gleich kracht und blitzt,
ob gleich Sünd und Hölle schrecken,
Jesus will mich decken.

Trotz dem alten Drachen,
Trotz dem Todesrachen,
Trotz der Furcht dazu!
Tobe, Welt und springe;
ich steh hier und singe
in gar sichrer Ruh.
Gottes Macht hält mich in acht,
Erd und Abgrund muss verstummen,
ob sie noch so brummen.

Aus: *Jesu, meine Freude*
Johann Frank 1653, EG 396,2–3

Ernst Barlach, Der Zweifler (1937) © Ernst Barlach
Lizenzverwaltung Ratzeburg.

2 Aus der Tiefe rufe ich, Herr, zu dir

(Psalm 130,1)

Der Zweifler (1937)

Wir können ihm ansehen, wie er ringt:
die Schultern – hochgezogen,
die skeptische Haltung des Kopfes,
das Gesicht von Fragen gezeichnet,
der Blick in die Ferne gerichtet, suchend.
Schließlich die Hände: fest aufeinander gepresst;
man bekommt das Ringen handgreiflich zu spüren.
Es hat den Mann auf die Knie gezwungen –
intensiver geht es nicht.
Der ganze Körper lässt erkennen, was im Inneren vorgeht.
Eine unmissverständliche Sprache – ohne Worte.

Wie viel Anspannung liegt in diesem Menschen,
den *Ernst Barlach* 1937 geschaffen hat.
Wie viel Wissen um das Leben
lässt der Bildhauer hier erkennen!
Wie viel Einsicht in Gedanken und Gefühle,
wie viel Ahnung um Abgründiges, Gegensätzliches,
Widersprüchliches, Rätselhaftes in uns und um uns.
Welche Erfahrungen mit Mächten im Äußeren
und mit Kräften im Inneren
mögen sich in diesem Werk spiegeln!

Manchmal ringen wir auch.
Wir machen die Erfahrung,
dass der Lebensweg plötzlich seine Eindeutigkeit
und Geradlinigkeit verliert; es ist etwas dazwischen
    gekommen,

unerwartet – wie wird es weitergehen?
Ich verstehe die Welt nicht mehr, höre ich manchmal sagen;
oder *Ich verstehe mich selber nicht …*
oder *Was hat das alles für einen Sinn?*
und *Um Himmels willen, wie soll ich mich entscheiden?*
Hier und da sagt jemand: *Ich verstehe Gott nicht mehr …*
warum bloß …? … und wie viel denn noch?
Solche Sätze gehen meistens nicht leicht über die Lippen;
manchmal müssen wir uns zu ihnen regelrecht
    durchringen.

Es ist oft gar nicht leicht,
das Ringen und Kämpfen so deutlich zu zeigen,
wie es uns *Ernst Barlach* vor Augen stellt.
Man erzählt lieber von dem, was gelungen ist,
als von dem, was uns innerlich zerreißt.
Man gibt lieber Antworten, zeigt lieber Sicherheit und
    Gewissheit,
als dass man einen anderen Menschen teilnehmen lässt
an den eigenen Fragen und ihn hinein sehen lässt
in das schwankende, zerrissene Herz.
Wer spricht schon gern davon,
dass er am Ende seiner Möglichkeiten ist
und hin und her geworfen ist von Zweifeln;
oder dass manchmal zerstörerische Gedanken kommen,
die sich gegen andere oder gegen einen selbst richten.
Und wer mag schon sagen, dass auch Gott zu manchen
    Zeiten
ein Rätsel ist – nicht zu erkennen, nicht zu fühlen,
in großer Ferne; von Liebe und Güte weit entfernt.
Solche Gedanken sind daher auch meistens nicht gleich
auf unserem Gesicht zu erkennen.

Mir macht das Bild, das uns Barlachs Skulptur
    Der Zweifler zeigt,
Mut, diese Gedanken – so heftig, so fremd und vielfältig
    sie sein mögen –

---

auszusprechen und das in uns Verborgene
   aufzuschließen:
das Zweifeln und Ringen,
die Ängstlichkeit und das Hadern,
Verzweiflung und Wut,
die abgründigen Gedanken
und quälenden Phantasien.

Die eingeschlossenen Gedanken und Gefühle
können manchmal übermächtig werden;
ja, sie können sich hier und da einen Ausweg suchen,
den wir nicht mehr steuern können und der uns Schaden
   zufügt.

Es gibt in der Bibel – im ersten Testament –
eine eindrucksvolle Geschichte vom Ringen
   (1. Mose 32,23–33).
Von Jakob erzählt sie, der sich die ganze Nacht
mit seinen Gedanken quält,
der sich mit seiner Vergangenheit –
mit einer Schuld, die weit zurückliegt – herumschlägt
und um Entscheidungen ringt;
der, so erzählt die Geschichte, dabei auch mit Gott ringt:
um Antwort und Klarheit, um Nähe und Zustimmung.

Als die Nacht fast vorüber ist und die Morgenröte sich
   zeigt,
fallen Worte, mit denen Jakob – vom Kämpfen sichtbar
   angeschlagen,
ganz zerschlagen von dem Hin und Her – Gott geradezu
zwingt:

Ich lasse dich nicht, du segnest mich denn.

1. Mose 32,27

Allen, denen es so geht wie dem Jakob in der alten
   Geschichte

und dem Mann auf unserem Bild,
wünsche ich Kraft und Mut zu diesen Worten:
Ich lasse dich nicht, du segnest mich denn!
Es ist kein Zauberwort, dafür aber ein menschliches Wort –
ein mit aller Kraft abgerungenes Wort,
das seinen Adressaten nicht verfehlen wird.

Ich habe dem Mann, den *Ernst Barlach*
so eindrucksvoll geschaffen hat,
Psalmenworte in den Mund gelegt.
Gerade die Psalmen öffnen die Tür
zu den in uns verborgenen Gedanken
und schonen dabei auch Gott nicht;
ja, sie getrauen sich, Gott all das zuzumuten,
was sich in unserem Innern ansammelt und abspielt.
Ihre Beter hatten ein großes Vertrauen:
es wird Gott nicht umwerfen!
Und er wird sie nicht verwerfen.

Vielleicht waren die folgenden Verse der Bibel
an irgendeiner Stelle einmal oder sind es auch *Ihre* Worte:

Wie der Hirsch lechzt nach frischem Wasser,
so schreit meine Seele, Gott, zu dir.   Psalm 42,2

In der Zeit meiner Not suche ich den Herrn;
meine Hand ist des Nachts ausgereckt
und lässt nicht ab;
denn meine Seele will sich nicht trösten lassen.
Ich denke an Gott – und bin betrübt;
und sinne nach – und mein Herz ist in Ängsten.

                                                    Psalm 77,3–4

Als ich den Herrn suchte,
antwortete er mir
und errettete mich aus aller meiner Furcht.   Psalm 34,5

Was hast du unterlassen
zu meinem Trost und Freud,
als Leib und Seele saßen
in ihrem größten Leid?
Als mir das Reich genommen,
da Fried und Freude lacht,
da bist du, mein Heil, kommen
und hast mich froh gemacht.

Ich lag in schweren Banden,
du kommst und machst mich los;
ich stand in Spott und Schanden,
du kommst und machst mich groß
und hebst mich hoch zu Ehren
und schenkst mir großes Gut,
das sich nicht lässt verzehren,
wie irdisch Reichtum tut.

Nichts, nichts hat dich getrieben
zu mir vom Himmelszelt
als das geliebte Lieben,
damit du alle Welt
in ihren tausend Plagen
und großen Jammerlast,
die kein Mund kann aussagen,
so fest umfangen hast.

Das schreib dir in dein Herze,
du hochbetrübtes Heer,
bei denen Gram und Schmerze
sich häuft je mehr und mehr;
seid unverzagt, ihr habet
die Hilfe vor der Tür;
der eure Herzen labet
und tröstet, steht allhier.

Aus: *Wie soll ich dich empfangen*
Paul Gerhardt 1653, EG 11,3–6

Ernst Barlach, Lesender Klosterschüler (1930)
© Ernst Barlach Lizenzverwaltung Ratzeburg.

3 Dein Wort ist meines Fußes Leuchte

(Psalm 119,105)

Lesender Klosterschüler (1930)

Wie ruhig er dasitzt,
der *Lesende Klosterschüler*,
den *Ernst Barlach* 1930 aus einem Lindenholzblock
  geschaffen hat.
Wie gesammelt und konzentriert er wirkt in seinem lan-
  gen Gewand,
den Blick vertieft in das aufgeschlagene Buch auf den
  Knien.
Man kann beinahe sehen,
wie das Gelesene die Gedanken beschäftigt und das Herz
  berührt.

Es ist ganz still um den lesenden Klosterschüler,
als gäbe es gerade in der Stille viel zu erfahren:
die Worte, die Geschichten aus dem Buch
machen nachdenklich, hellhörig, sie weiten den Blick;
Einfälle, Erinnerungen kommen,
Zusammenhänge werden deutlicher,
Folgen zeichnen sich ab.
Es ist ein Zwiegespräch,
auch wenn kein hörbares Wort fällt.

Manche und mancher kann davon erzählen,
wohin überall die Gedanken gegangen sind und gehen,
wenn der Alltag für eine Weile unterbrochen ist.
... die vielen Mosaiksteinchen – es ist,
als könnte ich jetzt herausfinden, wie alles zusammen gehört ...
mit einemmal sehe ich in allem mehr Sinn ...

Ich wäre nie darauf gekommen,
wenn alles einfach weitergegangen wäre
und es diese Zeit nicht gegeben hätte …
Solche Worte sind von guten Gefühlen begleitet,
weil sich etwas auftut und klärt.

Es gibt aber auch eine Stille
– wiederum andere könnten davon erzählen –,
vor der wir uns fürchten:
Gedanken kreisen und kreisen und finden keinen
    Ausweg;
in der Nacht ist das oft noch quälender als am Tag.
Was kann ich bloß machen, wenn das Grübeln kommt?

Und man wünscht sich sehnlich die Betriebsamkeit des
    Tages,
damit die Gedanken einen nicht länger überrollen oder
    überschwemmen.
Wie wohltuend ist dann das erste Morgenlicht
    am Himmel.

Das ist so eine Sache mit der Stille.
Sie mag uns einerseits gut tun,
aber dann ist sie auch wieder zum Fürchten.
Unsere Erfahrungen können so unterschiedlich sein.

Das Gesicht des Klosterschülers lässt kein Grübeln
    erkennen;
keine quälenden Gedanken graben sich in seine Züge ein.
Es ist, als schöpfe er beim Lesen aus einer Quelle,
aus der gute und heilsame Ströme in die Seele fließen.

Zu diesem Werk *Ernst Barlachs* gibt es eine bewegende
    Geschichte.
Die Nazis mochten den *Lesenden Klosterschüler* nicht;
sie haben versucht, ihn aufzuspüren und zu vernichten,
ja, sie haben ihn regelrecht verfolgt.

Und es gab Leute an der Ostseeküste,
die die Skulptur vor den Häschern versteckten
und sie schließlich im Fischerboot über die Ostsee nach
  Schweden brachten.
In dem Roman von *Alfred Andersch* steht der Satz:
„Einer, der so las wie der da, war eine Gefahr."[4]

Dieser *Lesende Klosterschüler:*
eine Gefahr für alle, die versuchten,
den Menschen Sand in die Augen zu streuen;
die versuchten, ihr Menschen verachtendes Tun
zu verharmlosen und zu verbergen.
Dieses Werk aus Lindenholz deckte etwas auf.
In dem *Lesenden Klosterschüler* saß und sitzt uns jemand
  gegenüber,
der nicht zu betören, nicht zu betäuben, nicht zu
  verführen ist.

Es war diese Weise zu lesen,
die den Klosterschüler zur Gefahr machte.
Und es hat mit dem Buch zu tun, in dem er liest.
Dieses intensive Zwiegespräch macht ihn verdächtig.
Denn wer so las *wie der da*, sah mehr, fühlte mehr,
merkte mehr; der konnte entdecken und aufdecken.
Der war schließlich eine einzige Anfrage und Kritik.
Darum sollte er verstummen und verschwinden.

Manchmal horchen wir in uns hinein,
suchen und forschen tief im Innern;
manchmal sprechen wir dabei mit uns selbst.
Doch wir hören oft nur die eigene Stimme,
die eigenen, wiederkehrenden Gedanken,
die bekannten Antworten und Argumente,
Erklärungen und Deutungen.

---

4 Alfred Andersch, Sansibar oder der letzte Grund, Zürich 1957, 56.

Das Buch kann uns noch auf eine andere Stimme
aufmerksam machen.
Aus ihm kommen Gedanken, auf die wir nicht von allein
kommen,
Sätze, die wir uns so nicht sagen,
und Hinweise, Anstöße, die wir uns so nicht selbst geben
können.
Sie kommen aus einer anderen Quelle.

Dein Wort ist meines Fußes Leuchte
und ein Licht auf meinem Wege.   Psalm 119,105

Ein Licht, wenn – wie zu Barlachs Zeit – die Wahrheit
verdunkelt ist.
Ein Licht, wenn Traurigkeit oder Ratlosigkeit,
Schicksalhaftes und Überwältigendes
unseren Lebenskreis überschatten
oder wenn die eigenen Kräfte an ihre Grenzen kommen.
Ein Licht, das in den Dunkelheiten,
welche Namen sie auch haben mögen, seine Kraft zeigt;
so dass das unruhige Herz Ruhe findet,
die suchenden Augen einen Weg, einen Ausweg
entdecken
und die fragenden Gedanken eine Antwort ahnen oder
gar finden.

In seinem Roman wiederholt Alfred Andersch
an verschiedenen Stellen einen Satz über den Klosterschüler:
„ … *er gehörte zu denen, die in den Texten lasen, aufstanden
und fortgingen.*"

Aufstehen und fortgehen sind wiederkehrende Worte.
Aufstehen aus Angst und Lähmung, Einschüchterung und
Ohnmacht;
und *fortgehen* – mit mutigem Herzen, befreit,
mit Hoffnung und Kraft erfüllt.

Im Bild eines Psalms gesagt:

Du stellst meine Füße auf weiten Raum. Psalm 31,9

An welcher Stelle er wohl gerade das Buch
    aufgeschlagen hat?
Ich weiß es nicht,
und auch *Ernst Barlach* hat nichts darüber gesagt.
Sicher jedoch ist: das Buch, das von Gott erzählt,
zieht den Klosterschüler in seinen Bann.

Aus diesem Buch möchte ich verschiedene Worte
zum Klingen bringen:

Meine Seele ist stille zu Gott, der mir hilft.
Denn er ist mein Fels, meine Hilfe, mein Schutz,
dass ich gewiss nicht fallen werde.
Sei nur stille zu Gott, meine Seele;
denn er ist meine Hoffnung.
Er ist mein Fels, meine Hilfe und mein Schutz,
dass ich nicht fallen werde.
Bei Gott ist mein Heil und meine Ehre,
der Fels meiner Stärke,
meine Zuversicht ist bei Gott.

Psalm 62, 2.3.6–8

Ich will Gottes Wort rühmen;
auf Gott will ich hoffen
und mich nicht fürchten.
Was können mir Menschen tun?

Psalm 56,5

Ihr seid teuer erkauft;
werdet nicht der Menschen Knechte.

1. Korinther 7,23

Die Seligpreisungen Jesu:

Selig sind, die da geistlich arm sind;
denn ihrer ist das Himmelreich.
Selig sind, die da Leid tragen;
denn sie sollen getröstet werden.
Selig sind die Sanftmütigen;
denn sie werden das Erdreich besitzen.
Selig sind, die da hungert und dürstet nach der
    Gerechtigkeit;
denn sie sollen satt werden.
Selig sind die Barmherzigen;
denn sie werden Barmherzigkeit erlangen.
Selig sind, die reinen Herzens sind;
denn sie werden Gott schauen.
Selig sind die Friedfertigen;
denn sie werden Gottes Kinder heißen.
Selig sind, die um der Gerechtigkeit willen verfolgt werden;
denn ihrer ist das Himmelreich.

Matthäus 5,3–10

Mein Herz hängt treu und feste
an dem, was dein Wort lehrt.
Herr, tu bei mir das Beste,
sonst ich zuschanden wird.
Wenn du mich leitest, treuer Gott,
so kann ich richtig laufen
den Weg deiner Gebot.

Dein Wort, Herr, nicht vergehet,
es bleibet ewiglich,
so weit der Himmel gehet,
der stets beweget sich;
dein Wahrheit bleibt zu aller Zeit
gleichwie der Grund der Erden,
durch deine Hand bereit.

Aus: *Wohl denen, die da wandeln*
Cornelius Becker 1602, EG 295,3–4

Ernst Barlach, Mutter Erde (1921) © Ernst Barlach
Lizenzverwaltung Ratzeburg.

4 Ich will euch trösten, wie einen seine Mutter tröstet

(Jesaja 66,13)

Mutter Erde (1921)

Im Garten, dem ehemaligen Friedhof der
    Gertrudenkapelle in Güstrow,
steht diese Skulptur aus Stein: *Mutter Erde*.
Draußen im Freien ist ihr Ort: Sonne, Wind und Wetter
    ausgesetzt.
Ernst Barlach hat sie 1921 als Grabmal geschaffen.
Das Material ist Muschelkalk: ein grauer, in den Farben
immer wieder wechselnder, poröser Kalkstein,
vor etwa zweihundert Millionen Jahren aus Sedimenten
    des Meeres gebildet.
Hier und da sind noch Muscheln
und Reste anderer kleiner Meeresbewohner von einst
    zu erkennen.
Ein Steinmetz kann davon erzählen, dass Kanten und
    Profile
deshalb nie ganz scharf und gerade werden können;
die Spuren der Erinnerung fließen in die Arbeit des
    Meißels mit ein,
ebenso wie der wechselnde Farbton.
Der Stein selbst birgt ein Gedächtnis.
Mutter Erde – geschaffen aus uralten, zu Stein
    gewordenen Ablagerungen.
Es ist, als hielten sie Zwiesprache – der Stein und
    das Motiv.

Diese Skulptur kann das Gefühl unmittelbar ansprechen.
Es gibt zunächst kaum Worte dafür.
Man muss erst einmal in Ruhe hinsehen:

die Züge des Gesichtes, die Haltung des Körpers,
das Gewand wahrnehmen,
sie wirken lassen und auf das eigene Echo horchen.
Dem Spiel von Licht und Schatten folgen, das durch
    die Sonne
und die hohen Bäume ringsum hervorgerufen wird.
Und schließlich alles in Ruhe zusammen bringen:
die Jahreszeit, die nahe mittelalterliche Kapelle,
die Luft, die Erde ringsum, das Kunstwerk und –
    das eigene Leben.

Was für ein Gesicht!
Kein geschöntes, aufgemachtes,
kein liebliches, jugendliches Gesicht.
Herb sieht es aus und ernst.
Das Leben mit seinen Höhen und Tiefen
scheint sich eingeprägt zu haben:
Leid und Leichtigkeit,
Schmerzen und Heilung,
Ratlosigkeit und Antwort,
Abgründe und Gipfel,
Freude und Trauer,
Erfülltes und Auswegloses,
Offenes und Verborgenes –
all das spiegelt sich in diesem Gesicht.
Wiederum ein Gedächtnis.
Es sind die Spuren des Lebens,
Spuren menschlicher Wege,
die die *Mutter Erde* auf ihrem Gesicht trägt.
Wie der Stein, aus dem sie geschaffen ist.

Jedoch: Es ist kein verzweifeltes, kein erloschenes,
erschöpftes, gequältes Gesicht!
Wer hinein schaut, spürt seine Kraft:
eine Kraft, die halten und aushalten kann.
Die Kraft aufzunehmen, zu ertragen und zu tragen,
ohne von der Last erdrückt zu werden.

Man könnte denken, sie sitze auf einem Thron:
so ausladend und stabil wirkt der Sitz.
Thron-sessel-weit entfernt sind die Armlehnen,
auf denen, unter dem Mantel verborgen, die Arme liegen.
Wie ein steinerner Thron – so verankert, so unerschütter-
    lich fest!
Doch sie thront nicht, ist nicht erhaben, nicht entfernt.
Nein, keine Königin und kein besonderer Raum.
Mutter Erde hat festen Grund, ist verbunden mit dem
    Leben,
mit der Geschichte, den Geschichten der Menschen!
Die Füße stehen auf dem Boden,
gelassen und verlässlich.

Wie der Schutzmantel einer Madonna wirkt der weite
    Umhang:
bergend, zudeckend, wärmend, schützend, aufnehmend,
    behütend.
Diese geöffneten Arme können auffangen, in Schutz neh-
    men und trösten.
Man könnte an Maria denken, die ihren geschundenen,
toten Sohn auf dem Schoß hält; wie sie das Unvorstell-
    bare aushält.
Mutter Erde – dargestellt wie eine Pieta.

Mir ist der Boden unter den Füßen weggezogen.
Ich habe den Halt verloren.
Solche Sätze höre ich hier und da.
Es hat mit einer Diagnose zu tun und damit,
dass die Zukunft, manchmal von einem Tag auf den
    andern,
unwägbar, unberechenbar und ungewiss geworden ist.

Manchmal erzählt jemand auch davon,
dass es in seinem Leben nie eine beruhigende Antwort
gegeben hat auf die Fragen:
Worauf kann ich mich eigentlich verlassen?

Zu wem kann ich kommen und wer hält mich?
An wen kann ich mich anlehnen? Wer hält mit mir aus
und bleibt bei mir, wenn der Boden schwankt?
Und er oder sie erzählt von dem vergeblichen Suchen
    damals
und wie sich das Kind einst aus Verzweiflung seine
    eigene Welt schuf,
in der es sich nicht mehr abhängig fühlte von anderen.
Ich kann und werde mich nur auf mich selber verlassen –
so hieß der Satz, der wie ein Programm klingt.
Doch auch auf diesen Satz war längst nicht immer
    Verlass!

Ich habe erlebt,
dass beim Blick auf das Bild der *Mutter Erde* Tränen
    kamen.
Weil mit einemmal die Fragen
Wer kann mich halten?
Wo finde ich Halt?
aus der Tiefe an die Oberfläche kamen,
wach wurden und wach blieben.
Und mit den Fragen die Sehnsucht nach jemandem,
der die Arme ausbreitet und bereit hält
wie die *Mutter Erde* von Ernst Barlach,
die den Mantel ausbreitet:
wärmend, wenn ich fröstele;
einhüllend und lindernd, wenn Schmerzen quälen;
in Schutz nehmend, wenn andere es mir schwer machen;
mich stärkend, wenn ich mich selbst klein fühle.

Der *Mutter Erde* sind die Spuren des Lebens anzusehen.
Wie dem Gestein, aus dem die Skulptur geschaffen
    wurde.
Und die Entschlossenheit, da zu sein und zu bleiben,
fest zu stehen, auszuhalten, mit zu tragen und Halt
    zu geben.
Wer wünschte sich nicht,

von so einer Kraft begleitet, durchs Leben zu gehen
und sich an sie zu erinnern,
wenn der Boden unter den Füßen zu wanken beginnt.

Mutter Erde ist kein Bild für Gott.
Aber Gottes mütterliche Züge mögen in diesem Werk
    Barlachs
zum Vorschein kommen.
Sie können darin einen ergreifenden Ausdruck finden.

So wie in manchen Worten der Bibel:

Er gibt dem Müden Kraft
und Stärke genug dem Unvermögenden.
Die auf den Herrn harren,
kriegen neue Kraft,
dass sie auffahren mit Flügeln wie Adler,
dass sie laufen und nicht matt werden,
dass sie wandeln und nicht müde werden.

Jesaja 40,29.31

Lass mich wohnen in deinem Zelte ewiglich
und Zuflucht haben
unter deinen Fittichen.

Psalm 61,5

Wie köstlich ist deine Güte, Gott,
dass Menschenkinder unter dem Schatten deiner Flügel
    Zuflucht haben!

Psalm 36,8

Denn wie von treuen Müttern
in schweren Ungewittern
die Kindlein hier auf Erden
mit Fleiß bewahret werden,

also auch und nicht minder
lässt Gott uns, seine Kinder,
wenn Not und Trübsal blitzen,
in seinem Schosse sitzen.

Ach Hüter unsres Lebens,
fürwahr, es ist vergebens
mit unserm Tun und Machen,
wenn nicht dein Augen wachen.

Gelobt sei deine Treue,
die alle Morgen neue;
Lob sei den starken Händen,
die alles Herzleid wenden.

Aus: *Nun lasst uns gehn und treten*
Paul Gerhardt 1653, EG 58,4–7

II

Seht, welch ein Mensch
(Johannes 19,5)

Jerusalemer Augen-Blicke

Olivenbaum im Garten Gethsemane

1 Und sie kamen zu einem Garten

(Markus 14,32)

Gethsemane

Bäume wie diesen auf unserem Bild
gibt es in unseren Plantagen oder Gärten nicht,
dazu ist der Winter hier zu kalt.
Doch in den Ländern rings ums Mittelmeer sind sie
  zu Hause.
Dort bedecken sie oft ganze Hügel und Landstriche.
Ein eindrucksvolles Bild der Farben und Formen kann
  man erleben:
Aus gelber oder rötlicher Erde wachsen dunkle,
  zerfurchte Stämme,
von Jahreszeiten und Alter gezeichnet;
als spiegelte sich darin ein Kampf wider,
der mit Hitze und Trockenheit,
aber auch mit unverhoffter Kälte zu tun hat.
Ausladende Äste und Zweige
mit unzähligen schmalen, grün-silbrigen Blättern
bilden die Krone.

Diese Bäume können sehr alt werden.
Manche sind hundert Jahre alt und noch älter.
Manchmal ist das Stammholz längst vergangen,
und sie bestehen nur noch aus dicker, rissiger Rinde.
Trotzdem leben sie,
behalten ihre immergrünen Blätter,
blühen und tragen Früchte.

Der Baum auf unserem Bild steht in einem besonderen
  Garten.

Am Rande der Altstadt von Jerusalem – am Ölberg –
gibt es, von einem schmiedeeisernen Zaun umgeben,
diesen nicht sehr großen Garten mit uralten
    Olivenbäumen.
Gethsemane ist sein Name.
Sie wissen, wie sehr dieser Garten mit der Geschichte
    Jesu
und mit seinem Weg verbunden ist.
Manche vermuten sogar:
diese gezeichneten, verwitterten Bäume
haben vielleicht etwas mitbekommen
von seinem Schicksal – so alt könnten sie sein.

Ja, wenn Bäume reden und erzählen könnten …
Was müssen sie alles mit ansehen und anhören!
Manche Kinder haben einen Baum,
dem sie alles anvertrauen konnten oder können:
ihren Kummer und ihre Geheimnisse;
sie wissen: Bäume sind verschwiegen
und sagen nichts weiter.
Manche Erwachsene setzen sich
zum Selbstgespräch oder zum Nachdenken
unter einen Baum oder lehnen sich an ihn;
man kann dort erzählen, seinen Gedanken nachhängen,
zurückblicken oder nach vorn schauen.

Bäume strahlen etwas aus:
Etwas Ursprüngliches, fast Körperliches,
aus der Tiefe Kommendes muss es sein.
Verlässlich, tief verwurzelt, bergend,
aushaltend und schützend – so wirken sie.
Man kann sich anlehnen und findet Halt.
Ein Sturm kann sie zwar beugen,
aber nicht so leicht umwerfen.

Vielleicht gibt es in jeder Lebensgeschichte
solch einen tröstenden Baum:

einen Apfelbaum oder Ahorn, leicht zu erklettern,
dessen Blätterdach einen für eine Zeit unsichtbar machte
oder gegen dessen Stamm man sich getrost lehnen konnte.

Der Garten Gethsemane mit seinen uralten Ölbäumen –
er muss viel mitbekommen haben:
die Schmerzen und die Unruhe des Einen,
die Erschöpfung und das Schlafen der anderen,
den Lärm der Stadt auf der anderen Seite des Tals
und den Lärm der Soldaten ganz in der Nähe,
Verrat und Freundschaft,
Fragen und Rufen,
Bitten und Zweifeln,
Zittern und Zagen,
Mitgefühl und Gemeinheit.

Die ganze Bandbreite des Lebens also,
angefangen bei dem Satz:
Wo bist du, Gott?
Und wo bleibst du denn?
bis zu dem anderen:
Nicht mein Wille,
sondern dein Wille geschehe.
Was im Leben alles vorkommen kann –
hier unter den Bäumen dieses Gartens kann man
     es wieder finden
und erleben, zumindest ahnen:
ein so menschlicher und zugleich unmenschlicher Ort.

Manche und mancher wird vielleicht
bei der Beschreibung dieses Gartens entdecken:
so weit weg von meinem Leben ist das gar nicht.
Manches davon hat es auch auf meinem Weg gegeben,
an anderem Ort zwar,
aber darum nicht weniger einschneidend.
Dieser alte Baum auf dem Bild –
er könnte beinahe auch in meinem Lebensgarten stehen.

Die Geschichte dieses Gartens hier auf dem Bild,
eines Gartens, in dem es keine einfachen Antworten gab,
keine Patentlösungen, in dem auch kein Wunder
    passierte –
die Geschichte dieses Gartens mutet uns viel zu;
so wie uns das Leben zu manchen Zeiten auch viel
    abverlangt.

Wie oft wünschen wir uns dann den Gott,
der Wolken, Luft und Winden – Wege, Lauf und Bahn gibt,[5]
der eingreift und verhindert, rettet und bewahrt.
Wie oft wünschen wir uns den allmächtigen Lenker
und müssen begreifen und lernen, dass er den Garten
    Gethsemane
nicht in einen Paradiesgarten verwandelt hat.

Auch wenn Gott in diesem Garten so schwer
    zu erkennen ist,
wenn dort menschliche Abgründe,
Blindheit und Vermessenheit so im Vordergrund stehen,
ja zu siegen scheinen
über den wehrlosen Menschen Jesus aus Nazareth –
dieser Garten ist dennoch nicht ohne Gott, nicht gottlos;
so wie unsere Lebensgeschichten
nicht ohne Gottes Hinsehen, ohne sein Mitfühlen und
    Mitgehen bleiben.

Du bist ein Gott, der mich sieht,   1. Mose 16,13

lesen wir im ersten Testament.

Ob Gott sich also in diesem Garten auf ganz andere Weise
    zeigte?
Nicht der allmächtige Lenker,
dessen eingreifendes Tun wir uns zu gern wünschten.

5 Aus: Paul Gerhardt 1653, Befiehl du deine Wege (EG 361,1).

Dafür der, der an der Seite der Leidenden steht und bleibt
und dessen Herz den Gequälten, Ohnmächtigen,
    Ratlosen gehört …
Du bist ein Gott, der mich sieht.
Dann doch ein Wunder: ein Wunder an Menschlichkeit!

Vielleicht hat Paulus diese Szene im Garten Gethsemane
erzählt bekommen
oder hatte überhaupt das Leben
mit seinen Höhen, den Tiefen und Rätseln vor Augen,
als er die folgenden Sätze aufschrieb:

Wer will uns scheiden von der Liebe Christi?
Trübsal oder Angst oder Verfolgung
oder Hunger oder Blöße
oder Gefahr oder Schwert?
Denn ich bin gewiss,
dass weder Tod noch Leben,
weder Engel noch Mächte noch Gewalten,
weder Gegenwärtiges noch Zukünftiges,
weder Hohes noch Tiefes noch eine andere Kreatur
uns scheiden kann von der Liebe Gottes,
die in Christus Jesus ist,
unserem Herrn.

Römer 8,35.38.39

Diese Liebe möge alle unruhigen Herzen erreichen.
Sie möge die Großen dieser Welt nachdenklich machen
und sie Frieden suchen und finden lassen;
und diese Liebe möge bei uns bleiben:
bei Ihnen und mir,
wenn es Abend wird
und die Nacht kommt
und danach wieder ein neuer Tag.

Wo bleibst du, Trost der ganzen Welt,
darauf sie all ihr Hoffnung stellt?
O komm, ach komm vom höchsten Saal,
komm, tröst uns hier im Jammertal.

O klare Sonn, du schöner Stern,
dich wollten wir anschauen gern;
o Sonn, geh auf, ohn deinen Schein
in Finsternis wir alle sein.

Hier leiden wir die größte Not,
vor Augen steht der ewig Tod.
Ach komm, führ uns mit starker Hand
vom Elend zu dem Vaterland.

Aus: *O Heiland, reiß die Himmel auf*
Friedrich Spee 1622, EG 7,4–6

Blick vom Ölberg auf die Altstadt von Jerusalem –
aus der Kirche „Dominus flevit"

2

... sah er die Stadt und weinte über sie

(Lukas 19,41)

„Dominus flevit"

Es ist kein alltägliches Fenster,
durch das unser Blick fällt.
Kunstschmiede haben den Rahmen gestaltet.
Wie ein Scherenschnitt: der Umriss eines Kelches in
    der Mitte,
darüber der Kreis einer Oblate.
Strahlen gehen von dem Kelch aus;
es könnten Sonnenstrahlen sein,
vielleicht aber auch die Feuerflammen aus der
    Pfingstgeschichte.
Das sich darunter schlängelnde Band – wie aus
    Stacheldraht –
erinnert an die Dornenkrone.
Im äußeren Rand schließlich wachsen geschmiedete Blu-
    men;
ihre Blüten oder Knospen als Kreise.
Alles hat hier etwas zu bedeuten
und möchte Geschichten in uns wachrufen.

Durch dieses kunstvolle Fenster einer Kirche auf
    dem Ölberg
sehen wir hinüber auf die Stadt Jerusalem jenseits
    des Tales.
Es war wohl der Blick Jesu auf die Stadt gegenüber,
wie der Evangelist Lukas es beschrieben hat.

Und als er nahe hinzukam, sah er die Stadt
und weinte über sie
und sprach:
Wenn doch auch du erkenntest
zu dieser Zeit,
was zum Frieden dient!
Aber nun ist's vor deinen Augen verborgen.

Lukas 19,41.42

Dominus flevit – „Der Herr weinte" –
ist der Name der Kirche auf dem Ölberg in Jerusalem,
aus der wir hinaussehen.
Ein ergreifender Moment an diesem besonderen Ort.
Dazu die eindringlichen, beschwörenden Worte Jesu,
die heute so gültig und notwendig sind wie damals.

Das ganze Panorama einer Stadt vor Augen:
eine hohe, alte Stadtmauer mit ihrem Wehrgang,
dahinter der Tempelplatz der Juden,
auf dem jetzt der Felsendom der Muslime steht
mit der golden glänzenden Kuppel
und den unzähligen leuchtend-blauen Kacheln.
Jener Platz also, der so viele heilige Traditionen
und Erinnerungen aufbewahrt.
Und dann dicht gedrängt:
Häuser, Kirchen, Moscheen
und die Hochhäuser unserer Zeit im Hintergrund.

Was für eine Geschichte!
Sie reicht weit zurück:
tausend Jahre, zweitausend, dreitausend Jahre …
Kaum ein Ort der Welt lässt uns so deutlich spüren:
das Suchen und Ringen der Menschen,
das Ringen *um* Gott
und das Ringen *mit* Gott
und das Kämpfen der Menschen gegeneinander.

Alles geschieht auf engstem Raum.
Himmel und Erde kommen hier zusammen, möchte
    man sagen:
Segnen und Fluchen,
heilige und unheilige Gedanken,
das von Gott erfüllte Herz
und die Abgründe des Herzens,
menschliche Gemeinschaft
und menschliche Feindschaft;
Sehnsucht und Wahn,
Demut und Vermessenheit …
Wir bekommen ja beinahe täglich etwas von dieser
    Spannung
und ihren oft zerstörerischen Wirkungen zu spüren.

Vielleicht also hat Jesus hier an dieser Stelle
oder in der Nähe in einem Olivenhain gesessen.
Und seine Gedanken sind bei all dem,
was die Menschen umtreibt und bewegt.
Vor dem inneren Auge zieht vorüber,
was sie beschäftigt und erfüllt
und wie zerstörerisch, wie entzweiend sie sein können.

Zum Weinen ist, wie blind Menschen sein können:
blind vor Hass und Neid,
blind aus Angst, zu kurz zu kommen,
oder blind geworden durch angeheizte, aufgeheizte
    Gedanken.
Und wie diese Blindheit ihre Liebe zerstört.

Und Tränen können kommen bei der Vorstellung,
wie viel Macht Sorgen haben können
und wie groß manchmal die Angst sein kann.
Wie sehr Sorgen und Angst das Leben einengen
und die Zukunft bestimmen können,
wie Menschen durch sie verbittern
und hier und da den klaren Kopf verlieren.

Zum Weinen ist auch,
welche Bilder sich die Menschen im Laufe der Zeit
von Gott gemacht haben.
Tränen darüber, dass aus dem guten Hirten
eine Art Buchhalter wurde,
dem man Leistungen vorrechnen
und dem gegenüber man Ansprüche anmelden kann.
Wie verfügbar sie sich Gott vorstellten
und wie sie glaubten, ihn und das Leben in der Hand zu
    haben.

    Ach, Jerusalem,
    wenn du doch erkennen würdest,
    an diesem Tag,
    was das Wort heißt:
    Frieden.
    Wenn du den Weg zu ihm fändest:
    Doch deine Augen sind blind,
    und die Wahrheit ist dir verborgen.[6]

… sind seine Worte beim Blick auf die Stadt gegenüber
und die Menschen in ihren Mauern.

Manchmal kommen mir im Krankenhaus
diese Szene und das Bild dazu in den Sinn.
Hier gibt es ja auch notgedrungen einen Abstand
    zum Alltag –
wie den Blick auf die Stadt gegenüber.
Und jemand sieht von hier aus
auf das vergangene und gegenwärtige Tun und Treiben,
auf das manchmal Atemlose des Lebens;
auf alles, was man so einfach mitgemacht hat oder
    mitmacht,
und auf das, was uns jagt und unter Druck setzt,

---

6 Die vier Evangelien Matthäus, Markus, Lukas, Johannes
   übersetzt von Walter Jens, Stuttgart 1998, 323.

was sich zerstörerisch auswirken kann
bis in den Körper hinein.
Und nimmt sich vor:
ich möchte in Zukunft nicht mehr so leben.
Ich will etwas verändern an meinen Einstellungen;
ich werde etwas tun gegen die dauernden
    Überforderungen,
gegen die Ursachen, die dazu führen,
ständig genervt und gereizt zu sein.
Und *Nein* sagen, wenn es über meine Kräfte
oder gegen mein Gefühl geht.
Und will achtsamer mit dem Leben umgehen,
mit dem eigenen und dem anderer.
Kurzum: Ich will das Leben wieder mehr lieben,
die Anderen und auch mich selbst.

Es sind bewegende Momente,
in denen solche Worte fallen
oder jemand sich so etwas vornimmt.
Manchmal sind sie von Tränen begleitet.
Auch darin sind diese Augenblicke dem Verhalten Jesu
– nach den Worten des Lukas – nicht fern.
Aus dem Abstand zum Alltag,
aus dem Abstand zur Stadt gegenüber – wie auf unserem
    Bild –
können solche Gedanken wohl kommen.

Jesus – dort auf dem Ölberg vor den Toren Jerusalems,
mit dem Blick auf den Tempel und die Stadt –
brachte Zeit seines Lebens und noch darüber hinaus
Gott mit Liebe in Verbindung:
mit Liebe zum Leben,
mit Liebe zu sich selbst
und zu anderen Menschen.
Und er erinnert uns daran:
Gott und Frieden gehören zusammen;
der Frieden im Äußeren,

die Abwendung von Gewalt und Zerstörung und
    Verfolgung,
und der Frieden im Inneren,
so dass das unruhige Herz
und die quälenden Gedanken zur Ruhe kommen.

Von diesem Gott möchten wir uns ansprechen lassen,
so wie Jesus sich von ihm ansprechen ließ,
und ihm unsere Wege anvertrauen
und unsere Lebensgeschichten,
alle Gedanken und Erinnerungen,
unsere Pläne und Vorhaben.

Also bitten wir um den Frieden Gottes
für alle Menschen
und für uns selbst:

Und der Friede Gottes,
der höher ist als alle Vernunft,
bewahre eure Herzen und Sinne
in Christus Jesus.

Philipper 4,7

Der Herr, der Schöpfer, bei uns bleib,
er segne uns nach Seel und Leib,
und uns behüte seine Macht
vor allem Übel Tag und Nacht.

Der Herr, der Heiland, unser Licht,
uns leuchten lass sein Angesicht,
dass wir ihn schaun und glauben frei,
dass er uns ewig gnädig sei.

Der Herr, der Tröster, ob uns schweb,
sein Antlitz über uns erheb,
dass uns sein Bild wird eingedrückt,
und geb uns Frieden unverrückt.

Gott, Vater, Sohn und Heilger Geist,
o Segensbrunn, der ewig fließt:
durchfließ Herz, Sinn und Wandel wohl,
mach uns deins Lobs und Segens voll!

Aus: *Brunn alles Heils, dich ehren wir*
Gerhard Tersteegen 1745, EG 140,2–5

Goldenes Tor in der Stadtmauer von Jerusalem

3 Tut mir auf die schöne Pforte
(EG 166,1)

Goldenes Tor

Ein Abschnitt der Stadtmauer Jerusalems,
aus unzähligen hellen Steinquadern zusammengesetzt.
Ganz oben ein Wehrgang mit der typisch durchbrochenen
    Mauer,
die schützen kann und gleichzeitig der Verteidigung
    dient.
Über die Mauer ragt die goldene Kuppel des Felsendoms,
dort gebaut, wo einmal der jüdische Tempel stand.
Schließlich weiter rechts eine Art Torhalle,
die in die Mauer eingefügt ist.
Ein wuchtiger Turm,
die Stadtmauer überragend,
mit zwei geschwungenen Torbögen.
Die Ansätze für die steinernen Türpfosten
sind gerade noch zu erkennen.
Doch die Tore sind verschlossen,
zugemauert und undurchlässig wie die übrige Mauer.
Keine schweren Türflügel aus Holz,
die sich öffnen, die sich drehen
oder bewegen ließen.

Wie viele Geschichten, wie viele Legenden
hängen mit diesem Tor zusammen!
Wenn ich jetzt anfange, davon ein wenig zu erzählen,
komme ich mir einen Moment vor wie ein Fremdenführer
mit seiner Reisegruppe.

Schon die Namen dieses Tores erzählen Geschichten!
Osttor oder *Susator* hieß es wohl zuerst,
in Erinnerung an die persische Stadt Susa;
von dort brachen einst die deportierten Israeliten auf,
um aus der Verbannung nach Hause zurückzukehren.
Durch dieses Tor also sollen die Heimkehrer
vor zweitausendfünfhundert Jahren in die Heilige Stadt
    eingezogen sein.
Das *Schöne Tor* nannten es die ersten Christen.
Tut mir auf die schöne Pforte!,
singen wir in unseren Gottesdiensten –
die *Schöne Pforte* wird zu einem Bild.

Gottes Haus öffnet sich: *Licht und Trost* sind hier zu
    Hause,
heißt es in dem Lied.
Durch dieses Tor soll Jesus am Palmsonntag
auf einem Esel nach Jerusalem eingezogen sein.
Und mit diesem Einzug beginnt seine Leidensgeschichte.
Goldenes Tor heißt es vom sechsten Jahrhundert an;
und alle, die einmal in Jerusalem waren,
kennen es unter diesem Namen.

Natürlich ist selbst eine Stadtmauer nicht unverrückbar.
Sie wurde im Laufe der Zeit umkämpft, eingerissen,
    erneuert, erweitert.
Die Geschichte schafft und verändert ihre Bauwerke.

Zuerst war das Tor offen, dann wurde es verschlossen.
In den ersten Jahrhunderten soll es nur am Palmsonntag
einen Zugang gegeben haben;
in der übrigen Zeit des Kirchenjahres war es geschlossen.
Seit nun mehr als fünfhundert Jahren ist es zugemauert.

Es gibt zu diesem Ort eine Legende:
wenn der Messias kommt,

werden die Steine, die das Tor verschließen,
    zusammenfallen,
und er wird durch dieses Tor in die Heilige Stadt
    einziehen.
Kein Wunder, dass unmittelbar vor dem Tor
seit alter Zeit ein Friedhof liegt:
die dort begraben sind,
werden als erste an Gottes neuer Welt teilhaben,
erzählt die Legende.

Jedoch, ich bin kein Fremdenführer,
und weiß das alles auch nur aus Büchern;
und manches darin widerspricht sich sogar.
Doch was einem auffällt:
wie sehr haben sich die Menschen mit diesem Tor
    beschäftigt!
Dieses geöffnete und dann wieder verschlossene Tor.
Als läge darin noch mehr als ein Teil der Stadtgeschichte
und nur Interesse an der Vergangenheit.
Als käme in diesem Bauwerk und seiner wechselvollen
    Geschichte
auch etwas aus dem menschlichen Leben zum Vorschein.

Vielleicht hat es zu tun mit den geöffneten
und den verschlossenen Toren *in uns selbst* oder *um uns*.
Denn damit haben wir alle Erfahrung.

Da verschließt sich einer vor dem anderen.
Ausgelöst durch ein unbedachtes Wort, eine leise Kritik,
durch große Empfindlichkeit oder eine nicht erfüllte
    Erwartung.
Und die Tür fällt ins Schloss.
Kontakte werden unterbrochen oder Verbindungen
    brechen ganz ab.

Manchmal hört jemand tatsächlich auf zu sprechen,
schweigt tagelang, verstummt sogar über Wochen.

Irgendetwas muss ihn in der Tiefe getroffen und verletzt
     haben.
Was es aber auch geben kann:
das Verstummen ist eine grausame Weise zu bestrafen.
Es kommt vor, dass Kinder betteln,
dass der Partner, die Partnerin inständig bitten:
Sag doch wieder etwas! Sprich endlich wieder!
Tauch auf, du bist so weit weg! –
Das Verstummen macht oft mehr Angst
als die körperliche Abwesenheit eines Menschen;
das Verstummen – eine unheimliche, bedrohliche
     Gegenwart!

Oder ein anderer sagt:
Es wird mir alles zu viel!
Was in der Welt passiert
und was alles unter den Menschen möglich ist;
ich komme nicht mehr mit,
ich muss mich schützen
wie hinter einer großen Mauer.
Nein, ich lasse nichts mehr an mich heran.
Und hält sich die Ohren zu und verschließt das Herz.

Oder auch:
Ich finde im Moment zu Gott keinen Weg;
ich kann seine Nähe nicht spüren,
kann nicht mehr beten, es kommen keine Worte.
Es ist so stumm, so leer in mir.
Ich bin wie zu.

Und jedes Mal könnte sich dieses Bild
von der hohen Stadtmauer einstellen, die nichts
     durchlässt,
und dem Tor, das zugemauert und verschlossen ist.

Wie schön wäre es, wenn da ein Weg wäre,
ein Zugang, ein Durchlass.

Herr, öffne mir die Herzenstür! –
diese Bitte aus dem Lied (EG 197,1)
möchte man dann am liebsten rufen und singen:
Worte, die wie ein Klopfen,
ein Pochen gegen eine verschlossene Tür klingen.

Oder Worte aus dem Buch der Psalmen nachsprechen:

Tut mir auf die Tore zur Gerechtigkeit,
dass ich durch sie einziehe
und dem Herrn danke.

Psalm 118,19

Öffnet mir die Tore der Wahrheit.[7]

Ob der Weg Jesu, seine Worte, sein Tun,
ja sein Einzug in die Stadt Jerusalem
jedes Mal auch das bedeutete:
Eine Tür zu suchen, ein Tor zu öffnen,
da wo Menschen verschlossen waren,
verschlossen durch Traurigkeit und Enttäuschung,
durch Sorgen und Angst.
Oder: wo Menschen hart wurden,
wie versteinert durch Unbegreifliches und Unverhofftes.
Auch eine Tür zu Gott aufzutun,
die Menschen nach und nach – wie selbsternannte
    Pförtner –
zugestellt und verschlossen hatten:
Heut schließt er wieder auf die Tür zum schönen
    Paradeis –
singen wir in der Weihnachtszeit (EG 27,6).
Sein Weg –
die verschlossenen Türen und Tore in uns selbst,

---

7 So übersetzt Martin Buber diesen Vers. Das Buch der Preisungen,
   verdeutscht von Martin Buber, Köln/Olten, 1963, 173.

zwischen Gott und uns
oder zwischen Menschen und Völkern nicht
    hinzunehmen,
vor ihnen nicht zu resignieren oder zu verzweifeln.

Hefata! Tu dich auf!
sind Jesu Worte für den taubstummen Mann
    (Markus 7,34).
Sie klingen unglaublich!
Doch sie sind eine Überschrift über sein Leben.

Dieser Mensch, Jesus aus Nazareth,
er muss eine große Liebe zu den Menschen gehabt haben;
überhaupt eine Liebe zum Leben,
dass er vor den verschlossenen Türen nicht halt machte
und sich abwendete.
Ja, er muss *Gott* so erlebt haben:
eine Liebe, die es mit Versteinerungen im Leben
und mit den Mauern in und um uns aufnimmt!

Kein Wunder:
die in späterer Zeit Geschichten über Jesus erzählten,
sammelten und aufschrieben, haben ihn selbst einmal
mit einer offenen Tür in Verbindung gebracht:

Ich bin die Tür;
wenn jemand durch mich hineingeht,
wird er selig werden
und wird ein- und ausgehen
und Weide finden.

Johannes 10,9

Dann wäre das *Goldene Tor* in der Mauer von Jerusalem,
das die Menschen immer wieder beschäftigt hat,
wie eine heilsame Erinnerung:

Tut mir auf die schöne Pforte!
Oder eine Herausforderung an alle verschlossenen Tore:
Hefata! Tu dich auf!

Und vielleicht klingt hier,
wo von Steinen und verschlossenen Türen die Rede war,
auch die besorgte Frage der Frauen am Ostermorgen an:
Wer wälzt uns den Stein von des Grabes Tür? (Markus 16,3)
Wir hören in der Ostergeschichte das Unglaubliche:
der Stein ist weggewälzt!

Wie viel Anlass auch für uns,
nicht vor den Mauern, nicht vor den Steinen auf
    unserem Weg
den Mut zu verlieren.
Und wie viel Grund, vor Gott das Schwere, das Harte,
Unüberwindliche auszubreiten
und aus seiner Nähe Kraft zu schöpfen,
die tragen und überwinden hilft.

Die Psalmen sagen es an einer Stelle beinahe übermütig:

Mit meinem Gott kann ich über Mauern springen.

Vgl. Psalm 18,30

Diese Zuversicht, diese Hoffnung
– zumindest eine Portion dieses überschäumenden
    Gefühls –,
möge in uns sein und bei uns bleiben,
wenn es Abend wird
und die Nacht kommt
und danach wieder ein neuer Tag.

Du bist ein Geist der Freuden,
von Trauern hältst du nichts,
erleuchtest uns im Leiden
mit deines Trostes Licht.
Ach ja, wie manches Mal
hast du mit süßen Worten
mir aufgetan die Pforten
zum güldnen Freudensaal.

Du bist ein Geist der Liebe,
ein Freund der Freundlichkeit,
willst nicht, dass uns betrübe
Zorn, Zank, Hass, Neid und Streit.
Der Feindschaft bist du feind,
willst, dass durch Liebesflammen
sich wieder tun zusammen,
die voller Zwietracht seind.

Du, Herr, hast selbst in Händen
die ganze weite Welt,
kannst Menschenherzen wenden,
wie dir es wohlgefällt;
so gib doch deine Gnad
zu Fried und Liebesbanden,
verknüpf in allen Landen,
was sich getrennet hat.

Aus: *Zieh ein zu deinen Toren*
Paul Gerhardt 1653, EG 133,6–8

Römischer Stufenweg aus dem Kidrontal in die Oberstadt Jerusalems

4 Siehe, wir ziehen hinauf nach Jerusalem

(Matthäus 20,18)

Römische Steintreppe

Diese Treppe, zusammengefügt aus Quadern und
   anderen,
mehr oder weniger behauenen Steinen, muss sehr alt
   sein.
Mancher Stein ist im Laufe der Zeit zerbrochen;
hier und da versinkt eine Ecke im sandigen Boden.
An manchen Stellen sind die Enden der Stufen
   eingebrochen;
sie verlieren sich zerbröckelt in der steinigen Umgebung.
Wie ausgefranst, abgeschlagen,
dann wieder gerundet wirken die Kanten.
In den Spalten und Ritzen hat sich Erde gesammelt;
Gräser und Blumen finden darin Halt.
Im Frühjahr, nach dem winterlichen Regen,
sprießt und blüht es auf der Treppe;
hier jedoch hat die Glut der Sonne alles verbrannt.

Dieser breite Stufenweg aus antiker Zeit kommt aus
   dem Kidrontal
und führt in die Oberstadt Jerusalems.
Wie viele Menschen mögen auf diesem Weg aus dem Tal
in die Stadt und wieder zurückgegangen sein.
Die einen – eiligen Schrittes und Stufen überspringend;
andere – sich eher dahin schleppend, mühsam, beladen.
Manche nachdenklich, langsam, meditierend;
andere wiederum ausgelassen und übermütig.
Wenn Steine reden könnten –
diese Treppe könnte viel erzählen.

Sie erinnert auch an einen schweren Weg.
Auf ihr zogen wohl Jesus und seine Jünger
aus dem Tal in die höher gelegene Stadt.
Siehe, wir ziehen hinauf nach Jerusalem.
Diese Treppe ist ein Stück seines Leidensweges.
Die Evangelien erzählen uns von diesem schweren Weg.

Wir mögen uns vielleicht fragen:
Warum musste sein Weg eigentlich so schwer sein?
Die Geschichten über ihn, seine eigenen Worte
sind wie Mosaiksteine zu einer Antwort:
Er hatte ans Licht gebracht, was in Dunkelheit
    versunken war;
hatte wieder entdeckt, was wie unter Geröll
    verschüttet lag.
Er hatte Gott wieder entdeckt,
ihn befreit aus den Händen und Köpfen der Menschen
und ihren passend gemachten Gottesbildern.
Gott – für ihn war er nicht verfügbar,
auch kein gängelnder Aufpasser,
nicht berechenbar und verrechenbar.
Gott – das bedeutete für ihn Gerechtigkeit,
die nicht mit Abrechnung und Gegenrechnung zu tun
    hat,
sondern mit Barmherzigkeit.
Gott – Liebe, die nicht Verdienst, sondern Geschenk ist.
Und ihm gegenüber: mündige Menschen,
zur Freiheit berufen,
aber auch zu Umsicht und Verantwortung,
zu Liebe und Barmherzigkeit mit den Schwachen
und allen, die im Schatten leben.
Das war seine Entdeckung.

Und er hatte Mut,
die religiöse Ordnung seiner Zeit zu entlarven
als Versuch, sich Gottes und der Menschen zu
    bemächtigen,

Menschenherzen zu binden und zu beschweren,
ihre Angst zu vergrößern und ihnen Lebensfreude
und Leichtigkeit zu nehmen.
Um Gottes willen und um der Menschen willen getraute
er sich,
die religiösen und politischen Autoritäten seiner Zeit
herauszufordern.

Ich aber sage euch ... –
so beginnt er, wenn er von seinem Glauben spricht.
Einer seiner mutigen Sätze lautet:

Der Sabbat ist um des Menschen willen gemacht
und nicht der Mensch um des Sabbats willen.

Markus 2,27

Ein Satz, der – weit über den Sabbat hinaus –
in vielen Bereichen des Lebens Bedeutung finden
könnte ...

Den Beladenen, Geschlagenen, Gebundenen –
allen, deren Leben schwer ist, gilt sein Wort:

Kommt her zu mir,
alle, die ihr mühselig und beladen seid;
ich will euch erquicken.

Matthäus 11,28

Er lebte, ja, er verkörperte eine Botschaft,
die offenbar nicht leicht zu ertragen, nicht auszuhalten
war.
Darum sollte der Botschafter der Liebe Gottes
und der Freiheit der Kinder Gottes
die ganze Härte der Mächtigen zu spüren bekommen.
In der Kreuzigung zeigten sie ihre Macht.
Der Mensch in der Hand der Menschen.

Stufe um Stufe dieser felsigen Treppe auf dem Weg
    zum Kreuz.
Er ist auf diesem Weg nicht umgekehrt!

Manchmal gehen auch wir einen schweren Gang.
Wir haben dabei oft keine Wahl.
Eine Operation steht bevor, deren Ausgang wir nicht
    kennen.
Eine Untersuchung steht an, die uns unruhig macht.
Eine Diagnose ist ausgesprochen,
die schlimmen Phantasien Tür und Tor öffnet.
Eine Ahnung, eine Andeutung bohrt sich tief ins Herz.
Ein Abschied kann zum schwersten Weg werden.
Für andere ist das Leben auf einmal wie von Finsternis
    umgeben,
und die Suche nach Licht, die Suche nach einem Ausweg
    scheint endlos.

Manchmal stehen auch Ärztinnen und Ärzte mit leeren
    Händen da.
Wir haben alles uns Mögliche getan,
wir sind an unseren Grenzen.
Wir verstehen nicht – wie viele andere auch –,
warum es Krankheiten gibt, die so grausam sind.
Und wir laufen mit der Frage: Warum ist das bloß so? –
wie gegen eine Wand.
Und kommen auch mit Gott nicht zurecht …

In solchen Worten klingen uralte Fragen an:
Warum gibt es die schweren Wege?
Wie kann Gott das zulassen?
Jene Fragen, die Menschen immer wieder an ihre
    Grenzen bringen,
die zu Verzweiflung oder Zynismus führen
oder Spekulationen entstehen lassen.
Fragen – wie eine Anklage gegen den Schöpfer.

In den Psalmen sind sie schonungslos ausgesprochen:

Mein Gott, mein Gott,
warum hast du mich verlassen?
Ich schreie, aber meine Hilfe ist ferne.

Mein Gott, des Tages rufe ich,
doch antwortest du nicht,
und des Nachts,
doch finde ich keine Ruhe.

Psalm 22,2.3

Wer zurückschaut in die eigene Lebensgeschichte,
wird darin bald die schweren Wege wieder finden.
Vielleicht aber auch Auswege aus diesen Zeiten;
wird erkennen, dass Schmerzen, Verletzung und
    Kränkung
nicht das letzte Wort behalten müssen;
wird sich erinnern, dass es Worte gab, die aufhorchen
    ließen,
Menschen, deren Nähe gut tat,
und Einsichten, die ein neues Sehen und Verstehen
    möglich machten.

Mich beeindruckt es und es macht mich nachdenklich,
wenn ich Sätze höre wie diese:

Ich verstehe das Leben seitdem anders.
Ich lebe intensiver, bewusster.
Ich bin jetzt viel aufmerksamer.
Jeder Tag ist ein Geschenk.

Ich habe wohl lange mit einer Illusion gelebt:
dass immer alles gut geht,
dass alles glatt läuft und gelingt –
wie selbstverständlich.

Dass es jedoch Grenzen gibt: meiner Kräfte, meiner
Möglichkeiten;
dass es nicht immer einfache, schnelle und gute Lösungen
gibt –
das lerne ich jetzt.
Ich lerne, in und mit meinen Grenzen zu leben.
Ehrlich gesagt: Ich muss das alles mühsam lernen!
Richtig umlernen.

Mich hat die Krankheit meines Kindes verändert.
Ich begreife, dass das Leben mehr ist
als Lernen und Können und Leisten.
Meine Maßstäbe haben sich verändert.
Ich glaube: zum Guten.

Ich bin behutsamer geworden, weniger fordernd als früher.
Barmherziger auch mit mir selbst.
Ich sehe und fühle jetzt mehr und anders …

Von solchen Erfahrungen zu hören, ist ein Geschenk.
Und eine Herausforderung an die eigenen Maßstäbe und
    Einstellungen.

Das Bild aus Jerusalem erinnert an den schweren
    Weg Jesu,
aber auch an schwere Wege, die uns hier und da
    nicht erspart bleiben.
Wir haben das Leben einfach nicht in der Hand.
Wie gut, wenn es Menschen gibt, die uns nahe bleiben;
die auch, wenn es nichts zu sagen, nichts zu lernen
und nichts zu tun gibt, wenn kein Wort trösten kann,
bei uns bleiben; die bleiben und aushalten.

Vielleicht tut es auch gut, sich an die Worte zu erinnern,
die uns als *Jesu Worte* auf seinem Weg überliefert sind:

Mein Vater, ist's möglich, so gehe dieser Kelch an
    mir vorüber;
doch nicht wie ich will, sondern wie du willst.

Matthäus 26,39

Mein Gott, mein Gott, warum hast du mich verlassen?

Matthäus 27,46 und Psalm 22,2

Vater, ich befehle meinen Geist in deine Hände.

Lukas 23,46 und Psalm 31,6

Jene Worte, in denen das Ringen eines Menschen
einen ergreifenden Ausdruck findet:
die nahe liegende, verständliche Bitte um den leichten
    Weg;
Angst und Aufbegehren,
schließlich ein vertrauensvolles Loslassen –
sind die Stationen eines schweren inneren
und eines schmerzhaften äußeren Weges.
Ecce homo! Seht, welch ein Mensch!

Im ersten Testament steht ein Vers,
der zu den tröstenden, tragenden Worten in schweren
Zeiten gehört:

Denn er hat seinen Engeln befohlen,
dass sie dich behüten auf allen deinen Wegen,
dass sie dich auf den Händen tragen
und du deinen Fuß nicht an einen Stein stoßest.

Psalm 91,11.12

Felix Mendelssohn-Bartholdys achtstimmige Motette
über diesen Vers kann das Herz ausfüllen
und stärker werden als alle ängstlichen, quälenden
    Gedanken.

Schließlich – es gibt das Gebet, das Jesus selbst uns
    geschenkt hat.
Vielleicht ist es die wichtigste Zehrung auf schweren
    Wegen:

Unser Vater im Himmel!
Geheiligt werde dein Name.
Dein Reich komme.
Dein Wille geschehe,
wie im Himmel, so auf Erden.
Unser tägliches Brot gib uns heute.
Und vergib uns unsere Schuld,
wie auch wir vergeben unsern Schuldigern.
Und führe uns nicht in Versuchung,
sondern erlöse uns von dem Bösen.
Denn dein ist das Reich und die Kraft und die Herrlichkeit
in Ewigkeit. Amen

Matthäus 6,9–13

Wenn ich einmal soll scheiden,
so scheide nicht von mir,
wenn ich den Tod soll leiden,
so tritt du dann herfür;
wenn mir am allerbängsten
wird um das Herze sein,
so reiß mich aus den Ängsten
kraft deiner Angst und Pein.

Erscheine mir zum Schilde,
zum Trost in meinem Tod,
und lass mich sehn dein Bilde
in deiner Kreuzesnot.
Da will ich nach dir blicken,
da will ich glaubensvoll
dich fest an mein Herz drücken.
Wer so stirbt, der stirbt wohl.

Aus: *O Haupt voll Blut und Wunden*
Paul Gerhardt 1656, EG 85,9–10

III

Wer gibt uns Leben und Geblüt?

(EG 324,6)

Botschaften von Himmel und Erde

1

Er wird sich über dich freuen!

(Zephania 3,17)

Das Leben ist ein Geschenk

So guckt man wohl ins Leben,
wenn es erst wenige Tage alt ist:
ein bisschen unsicher und verwirrt noch,
vielleicht auch ganz schnell müde, ja einfach überfordert,
weil alles, wirklich alles, neu ist
und jeder Augenblick neue Eindrücke beschert.
Vielleicht auch, weil die Beine noch staksig sind
und noch nicht routiniert und selbstverständlich Tritt
    fassen.
Die lange Zunge – etwas unbeholfen herausgestreckt,
wo soll man auch hin mit ihr!
Das Fell schließlich: zottelig, beinahe noch verklebt
    und ungeordnet.

Wie gesagt: so guckt man ins Leben,
wenn alles ganz neu ist und man sich selbst,
geschweige denn die Welt ringsum, noch nicht kennt.
Und so steht man da, wenn die Zahl der Schritte ins
    Leben
beinahe noch an Fingern abzuzählen ist.
Wie gut, dass die Stute nicht weit entfernt ist,
dass sie schnell zu erreichen ist und kommt
– beruhigend, zärtlich berührend, versorgend –,
dass sie rettet, wenn alles ringsum zu fremd
und überwältigend wird.

Ein Bild aus den Monaten März oder April.
Jahr für Jahr – dieses Wunder in der Schöpfung.
Und wer das Staunen nicht verlernt hat,
der ist wohl jedes Jahr aufs Neue ergriffen!

Geh' aus mein Herz und suche Freud! (EG 503)
Paul Gerhardt nimmt uns in seinem strophenreichen Lied
mit in die wunderbare Bewegung des kreatürlichen
und zugleich auch geistlichen Lebens.

Da wird ein Kind geboren,
und es ist einfach ein Wunder!
Auch Väter, die es miterleben,
– sonst oft eher sachlich und verhaltener,
was die Gefühle betrifft – lassen ihre Tränen fließen.
So bewegt, so angerührt, so ergriffen von dem,
was vor ihren Augen geschieht.
Das Leben ist ein Geschenk!

Oder jemand, der eine Operation hinter sich hat,
merkt von Tag zu Tag,
wie sich das Lebensgefühl zum Besseren verändert;
wie in kleinen Schritten und Stufen
Kraft zurückkehrt und Zuversicht wächst.
Es geht wieder bergauf!

Oder wer – über Wochen manchmal –
wie durch ein tiefes Tal gegangen ist
und in dieser Zeit Orientierung und Aussicht
    verloren hat,
taucht allmählich aus großer Tiefe und Dunkelheit auf
und beginnt, sich selbst und das Leben neu zu begreifen.
Jetzt sehe ich wieder Land!

Wie gut, dass es Menschen gibt,
die selbstverständlich mitgehen und mitfühlen

---

und ihr Möglichstes tun, um von Schmerzen zu befreien,
zu heilen und neuen Mut zum Leben zu schenken.

Ein Bild aus dem Kreislauf der Natur
kann jedoch auch die andere Einsicht wecken:
wir haben das Leben nicht in der Hand.
Wir sind Geschöpfe und nicht der Schöpfer selbst.
Wir haben Grenzen, sind nicht allmächtig, nicht
    allwissend
und können nicht allgegenwärtig sein.
Die in früheren Zeiten über Gott nachdachten, sagten:
gerade diese drei – allmächtig, allwissend und
    allgegenwärtig –
seien allein Gottes Eigenschaften!

Und die Gedanken ziehen noch weitere Kreise,
wie ein Stein, der ins Wasser geworfen wird:
Neben dem Frühling des Lebens gibt es auch
den Sommer, den Herbst und Winter des Lebens.
Neben den ersten Tagen des Lebens
gibt es auch letzte Tage einer Lebensreise.
Beginnende Lebenszeit und sich neigende Zeit –
beides liegt oft nahe beieinander.
Geboren werden hat seine Zeit – sterben hat seine Zeit,
heißt es im Buch des Predigers Salomo (Prediger Salomo 3,2).
Es klingt so selbstverständlich.
Doch die Erfahrung, dass wir sterben müssen,
scheint uns alles andere als selbstverständlich.
Abschiednehmen kann unsagbar wehtun.
Loslassen oder zurücklassen zu müssen,
was das Herz erfüllt hat,
ist ein großer Schmerz;
manchmal unvorstellbar und unerträglich groß.
Oder – mit unserem Können an Grenzen zu kommen,
ist oft schwer zu ertragen.
Das Leben nicht in der Hand zu haben,

beleidigt auch unseren Stolz
und kann sehr kränken.
Wie viel Weisheit und Einsicht spiegeln
sich dagegen in Psalmenworten wie diesen:

Lehre uns bedenken,
dass wir sterben müssen,
auf dass wir klug werden.

Psalm 90,12

Ich bin ein Gast auf Erden;
verbirg deine Gebote nicht vor mir.

Psalm 119,19

Unser Leben kommt aus einer anderen Hand
und liegt nicht nur in unseren Händen.
Wir erleben es hier und da voller Staunen und
    Dankbarkeit
und an anderer Stelle mit Ohnmacht, Hilflosigkeit
    und Traurigkeit,
manchmal auch aufbegehrend und wütend.

Von dieser anderen Hand, von Gott, dem Schöpfer,
erzählen uns viele Geschichten der Bibel,
die ja, so alt sie sind, antworten möchten
auf alles, das wir geschenkt bekommen,
aber auch auf das, was uns ratlos macht,
was wir nicht verstehen und nicht akzeptieren können.

Dennoch: Es ist eine liebevolle Hand, die uns begleitet,
erzählen die Geschichten der Bibel;
es ist der gute Hirte, der uns leitet,
der Vater, die Mutter, die mitgehen,
die ihre Hand schützend und segnend *über uns* halten
und *unter uns*, da wo wir fürchten, ins Ungewisse
    zu fallen.

Oder – es ist eine gute Kraft,
es ist der Segen am Anfang eines Lebens:

Wie köstlich ist deine Güte, Gott,
dass Menschenkinder unter dem Schatten deiner Flügel
Zuflucht haben!

Psalm 36,8

Und es ist der Segen am Abend des Lebens:

Der Herr behüte deinen Ausgang und Eingang
von nun an bis in Ewigkeit.

Psalm 121,8

Und schließlich die Gewissheit

Ich werde bleiben im Hause des Herrn immerdar.

Psalm 23,6

Das Bild aus dem Frühling des Jahres und dem Frühling
    des Lebens
erinnert uns an einen wunderbaren Zusammenhang.
Es erinnert an Kommen und Gehen, Willkommen und
    Abschied.
Und daran, dass Gott der Schöpfer ist und bleibt
und wir die Unterscheidung von Schöpfer und
    Geschöpfen
nicht aus den Augen verlieren.

Herr, du bist unsre Zuflucht für und für.
Ehe denn die Berge und die Erde und die Welt geschaffen
    wurden,
bist du, Gott, von Ewigkeit zu Ewigkeit.
Der du die Menschen lässest sterben und sprichst:
Kommt wieder, Menschenkinder!

Denn tausend Jahre sind vor dir
wie der Tag, der gestern vergangen ist,
und wie eine Nachtwache.

Du lässest sie dahinfahren wie einen Strom,
sie sind wie ein Schlaf,
wie ein Gras, das am Morgen noch sprosst,
das am Morgen blüht und sprosst
und des Abends welkt und verdorrt.
Unser Leben währet siebzig Jahre
und wenn's hoch kommt, so sind's achtzig Jahre,
und was daran köstlich scheint,
ist doch nur vergebliche Mühe;
denn es fähret schnell dahin,
als flögen wir davon.
Lehre uns bedenken,
dass wir sterben müssen,
auf dass wir klug werden.
Und der Herr, unser Gott, sei uns freundlich
und fördere das Werk unserer Hände bei uns.
Ja, das Werk unserer Hände wollest du fördern!

Psalm 90,1–6.10.12.17

Der Herr, dein Gott, ist bei dir,
ein starker Heiland.
Er wird sich über dich freuen
und dir freundlich sein.

Zephania 3,17

Meine Zeit steht in deinen Händen.

Psalm 31,16

Ich singe dir mit Herz und Mund,
Herr, meines Herzens Lust;
ich sing und mach auf Erden kund,
was mir von dir bewusst.

Ich weiß, dass du der Brunn der Gnad
und ewge Quelle bist,
daraus uns allen früh und spat
viel Heil und Gutes fließt.

Was sind wir doch? Was haben wir
auf dieser ganzen Erd,
das uns, o Vater, nicht von dir
allein gegeben werd?

Du nährest uns von Jahr zu Jahr,
bleibst immer fromm und treu
und stehst uns, wenn wir in Gefahr
geraten, treulich bei.

Wohlauf, mein Herze, sing und spring
und habe guten Mut!
Dein Gott, der Ursprung aller Ding,
ist selbst und bleibt dein Gut.

Aus: *Ich singe dir mit Herz und Mund*
Paul Gerhardt 1653, EG 324,1–3.8.13

2

Herr, lass die Sonne blicken ins finstre Herze mein

(EG 501,3)

Gegen die Dunkelheit

Manchmal verwandelt ein Bild unsere Stimmung!
Gerade in den Tagen des Frühlings hat das vielleicht
manche und mancher erlebt beim Spaziergang,
bei der ersten Arbeit im Garten oder beim Blick aus
    dem Fenster:
das helle Grün, die Blüten, die Farben draußen,
die Sonne und die wärmer werdende Luft …
Wir sehen es nicht nur mit den Augen
und spüren es nicht nur auf der Haut.
Wir fühlen, wie die Bilder und Eindrücke tiefer gehen,
wie sie unser Innerstes erreichen
und dabei Ängstlichkeit und Verzagtheit
in die Schranken weisen;
wie sie das Herz weit machen und uns aufatmen lassen.

Die Schlüsselblumen können diese Wirkung haben:
ihre gelben Blüten, die sich durch das vertrocknete Gras
des Waldbodens kämpfen; das kräftige Grün der Blätter,
das über die fade, stroherne Farbe des Winters siegt;
die Kraft des Frühlings, die sich durchsetzt
gegen das noch Winterliche des Bodens.
Als schlössen diese Blumen etwas auf,
was lange Zeit verschlossen war.
Wohl zu Recht heißen sie *Schlüsselblumen*!
Als Kinder sagten wir früher auch *Himmelsschlüsselchen* –
was für ein treffendes, schönes Bild:
ein Stück des Himmels tut sich auf!

Herr, lass die Sonne blicken ins finstre Herze mein!
heißt es in dem bekannten Maienlied.
Es muss ja nicht immer gleich verfinstert sein, das Herz;
aber manchmal gibt es davor eine Art Vorhang,
mehr oder weniger dicht,
der sich gar nicht leicht wegziehen lässt
und der die Sonnenstrahlen nur ahnen lässt.
Vielleicht können Sie sich an solche Zeiten erinnern:
Zeiten mit einem eher engen und bangen Herzen
und Gedanken, die keine großen Sprünge wagen,
die einen – im Gegenteil – eher in die Tiefe zu ziehen
    scheinen.

Manchmal gehören Krankenhaustage dazu
mit all den Gefühlen und Gedanken,
die hier kommen und sich nicht einfach vertreiben lassen,
und dazu Stunden aus Warten und Bangen und Hoffen.

Doch ich weiß auch: es kann vorkommen,
dass sich hier und da jemand gegen das Licht und die
    Farben wehrt,
gegen die überschäumende Kraft des Lebens draußen
und die Macht des Frühlings.
Als gäbe es – wie auf unserem Bild äußerlich zu sehen –
auch ein inneres Ringen zwischen dem Winter in der
    Seele
und dem Ruf des Lebens;
als gäbe es auch eine Anziehungskraft des Winters
    und der Kälte,
der Dunkelheit und des Abgründigen.
Der Frühling hat es dann schwer
und erscheint beinahe wie ein Ärgernis.
Erinnern Sie sich an den alten Apfelbaum
aus Theodor Fontanes Gedicht?

Im Garten der alte Apfelbaum,
er sträubt sich, aber er muss!

Herr lass die Sonne blicken ins finstre Herze mein!

Eine treffende, eine schöne Bitte!
Der eine oder die andere wird sie sich zueigen machen
und vielleicht sagen:
*Ja, das könnte mir jetzt gut tun
und wäre etwas für mich.*

Manchmal wirkt auch ein Mensch in unserer Nähe so,
wie diese hoffnungsvolle, dem Leben zugewandte Blume
   des Frühlings.
Jemand, der ganz selbstverständlich da ist,
der unverstellt reagiert und uns antwortet,
der aber auch unsere Gedanken und Phantasien
– wenn nötig – zurechtrückt
und sie wieder mit der Wirklichkeit in Verbindung bringt.

Oder jemand, der uns beim Sortieren hilft,
also dabei, das Nächste und das Übernächste,
Wichtiges und Unwichtiges,
Wirkliches und Unwirkliches zu unterscheiden.
Man schafft das nicht immer allein!

Oder jemand erkennt einen Zusammenhang,
wo ich selbst nur Bruchstücke oder Scherben sehe
und vom Blick darauf kaum lassen kann.

Dann kann es passieren,
dass sich der Vorhang vor dem Herzen bewegt
und ein Lichtstrahl in die verdunkelten Räume kommt
und etwas in uns aufgeschlossen wird;
manchmal nur durch einen Satz
oder ein einziges Wort.

Eine Blume des Frühlings, ein Bild der Hoffnung
   begleitet uns.

Wir denken an Tage, die immer länger werden,
die voller Licht und Farben sind.
Dieses Bild möchte allem widersprechen,
was uns mutlos macht und herabziehen will.

Auch Worte der Bibel können diese Wirkung haben!
Worte, die uns aus dem Winter, aus der Tiefe herausrufen.
Worte, die uns über das,
was wir uns immer wieder selber sagen,
noch ein gutes Stück hinausführen können,
die uns einen Raum der Zuversicht aufschließen,
in dem wir aufblicken, aufatmen und neues Zutrauen
    fassen können.
Worte wie diese:

Die auf den Herrn harren,
kriegen neue Kraft,
dass sie auffahren mit Flügeln wie Adler,
dass sie laufen und nicht matt werden,
dass sie wandeln und nicht müde werden.

Jesaja 40,31

Wer unter dem Schirm des Höchsten sitzt
und unter dem Schatten des Allmächtigen bleibt,
der spricht zu dem Herrn:
Meine Zuversicht und meine Burg,
mein Gott, auf den ich hoffe.
Denn der Herr ist deine Zuversicht,
der Höchste ist deine Zuflucht.
Es wird dir kein Übel begegnen,
und keine Plage wird sich deinem Hause nahen.

Denn er hat seinen Engeln befohlen,
dass sie dich behüten auf allen deinen Wegen,
dass sie dich auf den Händen tragen
und du deinen Fuß nicht an einen Stein stoßest.

Psalm 91,1–2.9.12

Worte Jesu:

Ich bin das Licht der Welt.
Wer mir nachfolgt,
der wird nicht wandeln in der Finsternis,
sondern wird das Licht des Lebens haben.

Johannes 8,12

Hilf mir und segne meinen Geist
mit Segen, der vom Himmel fleußt,
dass ich dir stetig blühe;
gib, dass der Sommer deiner Gnad
in meiner Seele früh und spat
viel Glaubensfrüchte ziehe,
viel Glaubensfrüchte ziehe.

Mach in mir deinem Geiste Raum,
dass ich dir wird ein guter Baum,
und lass mich Wurzeln treiben.
Verleihe, dass zu deinem Ruhm
ich deines Gartens schöne Blum
und Pflanze möge bleiben,
und Pflanze möge bleiben.

Erwähle mich zum Paradeis
und lass mich bis zur letzten Reis
an Leib und Seele grünen,
so will ich dir und deiner Ehr
allein und sonsten keinem mehr
hier und dort ewig dienen,
hier und dort ewig dienen.

Aus: *Geh aus, mein Herz, und suche Freud*
Paul Gerhardt 1653, EG 503,13–15

3 ... so weit die Wolken gehen

(Psalm 36,6)

Von der Leichtigkeit

Kennen Sie das auch noch von früher,
aus den Tagen der Kindheit?
Wie viel Zeit konnte man damit verbringen,
die Wolken am Himmel zu beobachten –
mit ihren vielfältigen Formen und phantastischen
    Gebilden,
in denen man alles Mögliche erkennen konnte:
einen Löwen oder Drachen
oder den Kopf eines alten Mannes mit Tabakpfeife.
Manchmal war es für alle ganz eindeutig,
ein andermal jedoch las jeder etwas anderes heraus,
und dann gab es spaßigen Streit: *Was du wohl siehst!*
Doch die Bilder veränderten sich zusehends.
Zusammenhängende Wolkenberge wurden auseinander
    gerissen;
der Wind trieb nur noch Fetzen über den Himmel.
In Windeseile entstanden neue Figuren.

Später dann, als die eigenen Kinder klein waren,
haben wir das Spiel oft wiederholt,
haben geschaut, gesucht, gerätselt, gestritten
und hatten unseren Spaß an den sprechenden,
    lebendigen,
manchmal komischen Bildern am Himmelszelt.

Die Wolke auf unserem Bild –
sie ist wie eine Feder,
die ganz leicht über den Himmel schwebt.

Es ist etwas in diesem Bild,
in diesem Spiel der Wolken,
das mich unmittelbar berührt,
und vielleicht geht es Ihnen auch so.

Vielleicht ist es das Mühelose, Leichte,
dieses Schweben wie eine Feder
– schwerelos vom Wind durch die Lüfte getragen
    zu werden –,
was uns anrührt und bewegt.
So weit entfernt von Empfindungen,
die andere Wolkenbilder in uns auslösen können,
die schweren, bedrohlichen Gewitterwolken etwa,
die sich auftürmen wie Berge und Riesen.

Es ist die Leichtigkeit dieser Wolke,
die mir ins Auge fällt.
Dann denke ich: wenn es diese Leichtigkeit gäbe!
Wenn man sich doch eine solche Leichtigkeit bewahren
und erhalten könnte – wenigstens ein Stück von ihr –,
was auch immer geschieht.

Aber Sie wissen es so gut wie ich:
das Leben beschert uns manchmal andere Bilder,
und das Lebensgefühl ist oft ganz anders gestimmt –
eher wie ein Gewitterhimmel oder ein verhangenes
    Himmelszelt.
Manchmal wacht man morgens auf – oft schon ganz
    früh –,
und der Kopf füllt sich mit schweren Gedanken
oder das Herz mit quälenden Gefühlen.
Etwas ist schwer zu lösen,
manches erscheint ausweglos.
Etwas steht einem wie ein Berg vor Augen
und lässt einen grübeln und tief, immer tiefer in sich
    hineinhorchen.

Es zieht einen herunter
und lässt gar keine anderen Gedanken mehr zu.
Es gibt so vieles, das das Herz schwer machen kann,
und *Leichtigkeit* ist dann wie ein Wort
aus weiter Ferne oder Vergangenheit,
oder man scheint es ganz vergessen zu haben.

Ich empfinde das Bild dieser federleichten Wolke
am frühsommerlichen Himmel wie eine Heraus-
    forderung –
gerichtet gegen alles Schwere, Herabziehende,
    Schwermütige,
gegen die Steine auf unseren Wegen,
gegen die Berge, die vor uns aufragen,
gegen dunkle Wolken, die uns drohen!

Unsere Kirchen, unsere Gottesdienste,
in denen andere Klänge, andere Töne und Worte
    vorkommen
als meistens sonst in unserem Alltag,
möchten uns erinnern:
Wir leben mit einer Botschaft,
wir leben von einer Botschaft,
die uns nicht im tiefen Tal stecken,
nicht in der Schwere verharren lässt,
sondern uns herausrufen möchte:

Du stellst meine Füße auf weiten Raum!

Psalm 31,9

Eine Botschaft, die uns sagt:
bei allem, das es geben mag, den Höhen oder Tiefen,
dem Belastenden und Unwägbaren:
wir sind nicht nur dem Schweren ausgeliefert
oder darin allein gelassen!
Eine Botschaft, eine Einladung,

uns mitnehmen zu lassen in dieses Vertrauen,
uns ein wenig Leichtigkeit und Weite schenken zu lassen;
Gefühle, die uns gelöster und gelassener machen,
weil Gottes Nähe, Gottes Licht
unser Herz erreicht und erwärmt und hell macht.

Von dieser Botschaft sprechen die folgenden Worte
    der Bibel:

Herr, deine Güte reicht, so weit der Himmel ist,
und deine Wahrheit, so weit die Wolken gehen.
Deine Gerechtigkeit steht wie die Berge Gottes
und dein Recht wie die große Tiefe.
Herr, du hilfst Menschen und Tieren.
Wie köstlich ist deine Güte, Gott,
dass Menschenkinder unter dem Schatten deiner Flügel
    Zuflucht haben!
Sie werden satt von den reichen Gütern deines Hauses,
und du tränkst sie mit Wonne wie mit einem Strom.
Denn bei dir ist die Quelle des Lebens,
und in deinem Lichte sehen wir das Licht.

Psalm 36,6–10

Er heilt, die zerbrochenen Herzens sind,
und verbindet ihre Wunden.
Er zählt die Sterne
und nennt sie alle mit Namen.
Unser Herr ist groß und von großer Kraft,
und unbegreiflich ist, wie er regiert.
Der Herr richtet die Elenden auf.

Psalm 147,3–6

Mit solchen Worten
kann es getrost Abend werden
und die Nacht kann kommen
und danach wieder ein neuer Tag,

an dem es – vielleicht nicht immer, aber doch manchmal –
Gedanken und Gefühle gibt,
die uns an die Leichtigkeit des Wolkenbildes erinnern.

Nun danket all und bringet Ehr,
Ihr Menschen in der Welt,
dem, dessen Lob der Engel Heer
im Himmel stets vermeld't.

Er gebe uns ein fröhlich Herz,
erfrische Geist und Sinn
und werf all Angst, Furcht, Sorg und Schmerz
ins Meeres Tiefe hin.

Er lasse seinen Frieden ruhn
auf unserm Volk und Land;
er gebe Glück zu allem Tun
und Heil zu allem Stand.

Er lasse seine Lieb und Güt
um, bei und mit uns gehn,
was aber ängstet und bemüht,
gar ferne von uns stehn.

Solange dieses Leben währt,
sei er stets unser Heil,
und wenn wir scheiden von der Erd,
verbleib er unser Teil.

Aus: *Nun danket all und bringet Ehr*
Paul Gerhardt 1647, EG 322,1.5–8

4

Erlöse mich und errette mich aus großen Wassern!

(Psalm 144,7)

Gegen die Angst

Vom Ufer aus ist es ein gewaltiges Schauspiel.
Mit welcher Macht die Wellen auf die Felsen treffen!
Das Wasser brodelt, tobt, tost – es scheint zu brüllen.
Wie ein Geysir schießt die schäumende Gischt in die Höhe;
der Wind fährt in die Fontänen, wirbelt sie fort,
bis die nächste Welle gegen den Felsen klatscht.
Es regnet, es staubt über dem Wasser.
Ein Hexenkessel: die Strudel, der Sog – wütende Kräfte.
Schließlich ein faszinierendes Farbenspiel:
grün, blau, türkis, weiß und abgründig-schwarz in
    schnellem Wechsel.
Dazu unverhofft Regenbogenfarben in den nassen
    Schleiern.
Felsen in der Brandung: Wellenbrecher –
sie halten den anstürmenden Wellen stand.
Doch das Wasser mit seiner Gewalt ist auch ein
    Baumeister,
der die Felsen ganz allmählich modelliert und die
    Küsten verändert.

Zum Staunen, zum Bewundern für den, der dieses
    Schauspiel
vom sicheren Ufer oder von der Steilküste aus
    beobachten kann.
Zum Fürchten jedoch,
wer dem Element in diesem Aufruhr ausgesetzt ist.
Die Kräfte des Menschen werden hier verschwindend
    klein.

Fischerboote werden zu Nussschalen;
selbst große Schiffe können zum Spielball werden.

Kein Wunder: Sturm und Wellen, Flut und Tiefe
sind seit langem zu Bildern des Lebens geworden.
In einer Geschichte des Zweiten Testaments
tauchen sie eindrucksvoll auf:

Und er stieg in das Boot, und seine Jünger folgten ihm.
Und siehe, da erhob sich ein gewaltiger Sturm auf dem
　　See,
so dass auch das Boot von den Wellen zugedeckt wurde.
Er aber schlief.
Und sie traten zu ihm, weckten ihn auf und sprachen:
Herr, hilf, wir kommen um!
Da sagte er zu ihnen: Ihr Kleingläubigen,
　　warum seid ihr so furchtsam?
Und stand auf und bedrohte den Wind und das Meer.
Da wurde es ganz stille.
Die Menschen aber verwunderten sich und sprachen:
Was ist das für ein Mann,
dass ihm Wind und Meer gehorsam sind?

Matthäus 8,23–27

Die Bilder sind uns vertraut.
Von Wind und Wellen sprechen auch wir manchmal:
vom Sturm, der einen durchrüttelt und durchschüttelt
oder von einem Strudel, der in die Tiefe zieht.
Sogar von einem Meer aus Angst ist hier und da die Rede,
auch Sorgen oder Schmerzen sind für manche wie ein
　　Meer ohne Halt.
Und Probleme und Fragen können sich schon einmal
zu einer Flut auftürmen,
die alles überrollt und einem für eine Zeit
den Grund unter den Füßen wegreißt.
Das Wasser steht manchmal bis zum Hals.

Die Psalmen werden deshalb manchem aus der Seele
sprechen:

Gott, hilf mir!
Denn das Wasser geht mir bis an die Kehle.
Ich versinke in tiefem Schlamm,
wo kein Grund ist;
ich bin in tiefe Wasser geraten,
und die Flut will mich ersäufen.
Ich habe mich müde geschrien,
mein Hals ist heiser.
Meine Augen sind trübe geworden,
weil ich so lange harren muss auf meinen Gott.
Ich aber bete zu dir, Herr, zur Zeit der Gnade;
Gott, nach deiner großen Güte erhöre mich mit deiner
treuen Hilfe.
Errette mich aus dem Schlamm,
dass ich nicht versinke,
dass ich errettet werde vor denen, die mich hassen
und aus den tiefen Wassern;
dass mich die Flut nicht ersäufe
und die Tiefe nicht verschlinge
und das Loch des Brunnens sich nicht über mir schließe.

Psalm 69,2–4.14–16

Wäre jene Geschichte, die der Evangelist Matthäus
überliefert,
wirklich so passiert – auf der Elbe oder in der Nordsee –:
da hätte natürlich niemand schlafen dürfen!
Angesichts von echten Wellenbergen käme wohl auch
keiner auf die Idee,
sich hinzulegen und ruhig zu schlummern.
Es wäre purer Leichtsinn
und hätte mit grober Fehleinschätzung der Situation zu
tun.
Aber in einer Geschichte, die in Bildern erzählt,

ist es möglich, dass jemand mitten im Sturm Schlaf findet!
Schlafen – ein Zeichen, sich in guten Händen zu wissen.
Schlafen – ein Bild großen Vertrauens:
jemand weiß sich im Tiefsten geborgen.
Die Psalmen haben dieselbe Sprache für dieses Vertrauen;
der Erzähler der Geschichte hatte sie vielleicht im Kopf.

Ich liege und schlafe ganz mit Frieden;
denn allein du, Herr, hilfst mir,
dass ich sicher wohne.

Psalm 4,9

Hier lässt sich jemand nicht durch das Meer der Angst
    erschüttern.
Dem Sog der Tiefe, den Kräften des Abgrunds
setzt er eine andere Kraft entgegen.
Von dieser Kraft getragen,
die stärker ist als die Kräfte,
die uns herunterziehen möchten,
überlässt er nicht der Angst das Ruder des Lebensschiffes.

Die Jesus so erlebten –
sie müssen darin ein Wunder gesehen haben!
Denn das ist so ungewohnt und geschieht so selten,
dass ein Mensch nicht aus der Angst heraus lebt.
Und es muss wie ein Wunder wirken,
dass jemand sich nicht von der Angst bestimmen lässt
und aus ihr heraus handelt.
Wer sich vor dem Meer aus Angst nicht fürchtet,
muss ein gutes Fundament unter sich
und Sicherheit in sich fühlen:
eine Liebe, die trägt und die es erlaubt, sich fallen
    zu lassen;
ein Ja, das die Angst, die Sorge um sich selbst klein
    werden lässt
und das zur Quelle neuer Kräfte wird.

Was ist das für ein Mann,
dass ihm Wind und Meer gehorsam sind?

Matthäus 8,27

ist die erstaunte Frage.

Was für ein Mensch, der nicht die Angst über sich herr-
schen lässt,
sondern Herr über die Angst bleibt!

Beim Propheten Jesaja gibt es Worte für diese Gewissheit –
wiederum in Bildern gesagt, die wir längst kennen:

Und nun spricht der Herr, der dich geschaffen hat, Jakob,
und dich gemacht hat, Israel:
Fürchte dich nicht,
denn ich habe dich erlöst;
ich habe dich bei deinem Namen gerufen;
du bist mein!
Wenn du durch Wasser gehst,
will ich bei dir sein,
dass dich die Ströme nicht ersäufen sollen;
und wenn du ins Feuer gehst,
sollst du nicht brennen,
und die Flamme soll dich nicht versengen.
So fürchte dich nun nicht,
denn ich bin bei dir.

Jesaja 43,1–2.5

Wie gut, dass dieses Ja, diese Liebe auch unsere manchmal
ängstlichen Gedanken und zaghaften Schritte
begleiten und umgeben möchte,
so dass sich der Wind oder Sturm in uns und um uns
ein wenig legen können
und das aufgewühlte, besorgte Herz Ruhe findet.

Gott lädt uns ein,
aus derselben Kraft zu leben wie Jesus in unserer
   Geschichte
– so gut es geht und wir es im Augenblick können –:
aus dieser Liebe,
die weiter reicht als das Hohe oder Tiefe,
das es im eigenen Leben oder auf der Welt geben mag.

Vielleicht könnten wir uns dann sogar diesen Vers aus
   den Psalmen
zu eigen machen:

Er streckte seine Hand aus von der Höhe
und fasste mich
und zog mich aus großen Wassern.

Psalm 18,17

Auf Jesu Weg hatte das *Meer der Angst*
seine Macht und den Ruf der Unbesiegbarkeit verloren.
Es musste vor seinem Ruf weichen,
und der hieß und heißt
– seinen Jüngerinnen und Jüngern damals und uns heute
   gesagt –:
Fürchtet euch nicht!

Ach bleib mit deiner Gnade
bei uns, Herr Jesu Christ,
dass uns hinfort nicht schade
des bösen Feindes List.

Ach bleib mit deinem Worte
bei uns, Erlöser wert,
dass uns sei hier und dorte
dein Güt und Heil beschert.

Ach bleib mit deinem Glanze
bei uns, du wertes Licht;
dein Wahrheit uns umschanze,
damit wir irren nicht.

Ach bleib mit deinem Segen
bei uns, du reicher Herr;
dein Gnad und alls Vermögen
in uns reichlich vermehr.

Ach bleib mit deinem Schutze
bei uns, du starker Held,
dass uns der Feind nicht trutze
noch fäll die böse Welt.

Ach bleib mit deiner Treue
bei uns, mein Herr und Gott;
Beständigkeit verleihe,
hilf uns aus aller Not.

Ach bleib mit deiner Gnade
Josua Stegmann 1627, EG 347